westermann

EinFach
Deutsch

Robert Seethaler

Der Trafikant
... verstehen

Erarbeitet von
Daniela Janke

Herausgegeben von
Johannes Diekhans
Michael Völkl

Bildnachweis

|akg-images GmbH, Berlin: 30; Imagno/Austrian Archives 21; IMAGNO/Austrian Archives 28; IMAGNO/Wien Museum 19; Sammlung Berliner Verlag/Archiv 101; TT News Agency/SVT 100. |alamy images, Abingdon/Oxfordshire: Keystone Pictures USA 87; Pictorial Press Ltd 44; Science History Images 59. |bpk-Bildagentur, Berlin: 40. |Pfeiffer, Patrick, Konstanz: Württembergische Landesbühne Esslingen 119, 133. |Picture-Alliance GmbH, Frankfurt/M.: akg-images 60; akg-images/Roloff, Wolfgang 95; APA/picturedesk.com/Pfarrhofer, Herbert 126. |Salzburger Landestheater, Salzburg: © Anna-Maria Löffelberger 112. |Sigmund Freud Privatstiftung, Wien: www.freud-museum.at 102. |stock.adobe.com, Dublin: Digitalpress 34. |ullstein bild, Berlin: Giribas 75. |Volkstheater Wien, Wien: © Alexi Pelekanos 97; © Elisabeth Haider 125; © www.lupispuma.com 121, 132.

westermann GRUPPE

© 2018 Bildungshaus Schulbuchverlage
Westermann Schroedel Diesterweg Schöningh Winklers GmbH, Braunschweig
www.westermann.de

Druck A[1] / Jahr 2018
Alle Drucke der Serie A sind im Unterricht parallel verwendbar.

Umschlagbild: © www.lupispuma.com/Volkstheater Wien
Druck und Bindung: Westermann Druck GmbH, Braunschweig

ISBN 978-3-14-**022660**-8

Inhaltsverzeichnis

An die Leserin und den Leser

Liebe Leserin, lieber Leser,

es gibt wohl kaum eine Zeit im Leben des Menschen, die aufregender ist als das Jugendalter und das Erwachsenwerden. Neue Erfahrungen, Persönlichkeitsentwicklung, Grenzen testen und erkennen und einen Weg im Leben finden – junge Erwachsene stehen vor vielen Herausforderungen und werden in ihrem Reifeprozess immer wieder mit Höhen und Tiefen konfrontiert. Die erste Liebe, Liebeskummer und die Ablösung von den Eltern, auf eigenen Beinen stehen und Verantwortung übernehmen, das alles kann sehr verwirrend sein, ist aber gleichzeitig so notwendig und aufregend schön.

In dieser Phase des Erwachsenwerdens befindet sich der Protagonist Franz Huchel des Romans „Der Trafikant". Jäh wird er aus dem idyllischen kleinen Dorf, in dem er mit seiner Mutter 17 Jahre gelebt hat, in die Metropole Wien geworfen, wo er plötzlich Verantwortung übernehmen und eine Lehre absolvieren soll.

Er macht erste Erfahrungen mit der Liebe und verliebt sich Hals über Kopf in eine 20-jährige Böhmin, die mit ihm jedoch nur ihr sexuelles Verlangen stillt und kein Interesse an ihm als Person hat. Wie geht man mit solch einer unglücklichen Liebe um? Was würde der berühmte Psychoanalytiker Freud dazu sagen, welchen Rat würde er dem vom Liebeskummer gezeichneten Jüngling geben? Seethaler stellt seinem Protagonisten zwei erfahrene Männer zur Seite. Zum einen seinen Lehrmeister, der nach seiner schweren Verletzung im Ersten Weltkrieg mit der Liebe abgeschlossen hat, zum anderen den berühmten Professor Freud, der Franz großväterlich begleitet, die Liebe an sich trotz all seines Wissens über die menschliche Psyche jedoch auch nicht richtig begreifen kann.

Doch der Roman „Der Trafikant" ist viel mehr als die Geschichte einer unglücklichen Liebschaft. Er konfrontiert den Leser mit dem aufkommenden Nationalsozialismus in Wien und zeichnet so ein Bild der Zeit, das erschreckend vor Augen führt, wie das individuelle Leben Einzelner beeinflusst wurde. Der Protagonist muss sich in einer Zeit zurechtfinden, die politisch so brisant ist, dass er seine Vertrauten in Wien verliert. Die Umstände der Zeit lassen ihn schließlich zum Widerständler werden, und das junge Leben ist verwirkt, wo es doch gerade erst richtig begonnen hat.

Seethaler erschafft einen sympathischen und liebenswerten jungen Mann, den der Leser durch das Auf und Ab seines Erwachsenwerdens begleitet. Dabei beweist er ein Gespür für eine bewundernswerte Leichtigkeit der Sprache, die trotz des schweren Themas durch Wortwitz und humorvolle Passagen besticht und manchmal auch ganz leise Töne anschlägt und nachdenklich stimmt.

Der vorliegende Band aus der Reihe „EinFach Deutsch … verstehen" soll Anregungen zur Textinterpretation geben und dabei eigene Sichtweisen ermöglichen und den Blick für Details schärfen. Er liefert Anhaltspunkte zur Figurenkonstellation, zum Aufbau des Romans und zu Hintergründen, die ein tieferes Verständnis ermöglichen und fördern. Zudem können zum Zweck einer erfolgreichen Vorbereitung auf Leistungsmessungen die Aufgabenformate „Personencharakterisierung" und „Textanalyse bzw. -interpretation" wiederholt und geübt werden. Abschließende schematische Übersichten regen außerdem zur Wiederholung an und zeigen mögliche Schwerpunktsetzungen für Prüfungen auf.

Viel Freude beim Lesen, Entdecken und Verstehen wünscht

Daniela Janke

Der Inhalt im Überblick

Der 2012 erschienene Roman „Der Trafikant" von Robert Seethaler erzählt die Geschichte des jungen Franz Huchel, der gezwungen ist, sein behütetes Leben im Schoße seiner Mutter zu verlassen, um in Wien in die Lehre zu gehen. Seethaler schildert den Adoleszenzprozess[1] eines jungen Mannes in Zeiten des aufkommenden Nationalsozialismus in Österreich und zeichnet so auch ein historisches Porträt.

Österreich im Jahr 1937. Der 17-jährige Franz Huchel wohnt mit seiner alleinerziehenden Mutter in Nußdorf am Attersee, wo er in einfachen Verhältnissen ein Leben ohne Verpflichtungen führt. Als der wohlhabende Liebhaber der Mutter bei einem Unwetter ums Leben kommt und die finanzielle Unterstützung durch diesen wegfällt, fasst Frau Huchel den Entschluss, ihren Sohn, der für sein Alter kindlich-naiv und verträumt ist, nach Wien zu schicken, wo er bei ihrem Bekannten Otto Trsnjek eine Lehre zum Trafikanten absolvieren soll.

Bereits am nächsten Tag besteigt Franz widerwillig den Zug nach Wien. Die Großstadt, in der schon deutlich die Einflüsse der Nationalsozialisten zu spüren sind, wirkt zunächst beängstigend auf ihn, in der Trafik[2] findet er bei Otto Trsnjek jedoch Halt und Orientierung und erlernt dort nicht nur die Tätigkeiten eines Trafikanten, sondern wird von diesem auch zur Meinungsbildung durch umfassende Zeitungslektüre angeregt und entwickelt so zunehmend ein politisches Bewusstsein und Wertvorstellungen. Mit seiner Mutter steht er weiterhin schriftlich in Kontakt und die beiden verbindet ein inniges Verhältnis.

---

[1] Entwicklung des Menschen von der späten Kindheit bis hin zum Erwachsensein

[2] ein kleiner Laden, der Schreibwaren, Zeitungen und Tabak führt (Betonung auf der zweiten Silbe)

Ein Stammkunde der Trafik erregt Franz' Interesse besonders: der berühmte Psychoanalytiker Sigmund Freud[1]. Von
ihm erhofft er sich, eine Richtung in seinem Leben gewiesen zu bekommen, und die beiden führen mehrere Gespräche, die den Entwicklungsprozess des Protagonisten stark
vorantreiben.

Aufgrund des ersten Gesprächs mit Freud unternimmt
Franz den Versuch, ein Mädchen kennenzulernen, und geht
zum Wiener Prater, wo er sich in die 20-jährige Böhmin Anezka verliebt. Die vergnügungsorientierte junge Frau sieht
Franz jedoch nur als unerfahrenen Jungen vom Land und
nimmt ihn nicht ernst. Franz erlebt den ersten Liebeskummer seines Lebens und macht mit Anezka erste sexuelle
Erfahrungen. Die Böhmin sucht jedoch nur nach dem sexuellen Abenteuer und ist an einer Beziehung nicht interessiert. Als Franz ihr in seiner Verzweiflung heimlich folgt,
muss er feststellen, dass sie in dem Nachtlokal „Die Grotte"
als Nackttänzerin auftritt. Nachdem er sie zur Rede gestellt
hat, zieht er sich desillusioniert zurück.

Zwischenzeitlich hat sich die politische Situation in Wien
immer weiter zugespitzt. Otto Trsjnek wird Opfer von Anfeindungen, weil er weiterhin an Juden verkauft und sich
nicht den nationalsozialistischen Ansichten anschließt. Die
Trafik wird verwüstet und Trsnjek wird von seinem Nachbarn, dem Fleischermeister Roßhuber, denunziert und unter einem Vorwand im März 1938 verhaftet. Franz, der seit
seiner Ankunft in Wien zunehmend an Reife gewonnen hat,
führt die Trafik eigenständig weiter und versucht, einen Besuch bei seinem Mentor Otto Trsnjek im Gestapo[2]-Haupt-
quartier zu erzwingen, und wird schließlich mit Gewalt da-
vor gewarnt, sein Vorhaben umzusetzen. Im Mai wird er in
einem behördlichen Brief über den Tod seines Mentors un-

---

[1] Vgl. Kapitel „Sigmund Freud und die Psychoanalyse", S. 102 ff.
[2] S. Anm. S. 75.

terrichtet, welcher ihm schwer zusetzt. Als er auch noch erkennen muss, dass Anezka zwischenzeitlich eine Liebschaft mit einem SS-Soldaten begonnen hat und Sigmund Freud, sein einziger verbliebener Halt, der als Jude überwacht und bedroht wird, nach England emigriert, wird er zum Widerständler und hisst vor dem Gestapogebäude, in dem Trsnjek sein Leben gelassen hat, die Hose des Einbeinigen als Mahnmal. Am 7. Juni 1938 wird Franz Huchel von der Gestapo verhaftet.

Am 12. März 1945 kehrt Anezka zu der Trafik zurück, die noch immer verlassen ist, was erahnen lässt, dass Franz Huchel das Einstehen für seine eigenen Wertvorstellungen und den öffentlich zur Schau gestellten Widerstand mit dem Leben bezahlt hat. Der Roman endet mit den sich nähernden Flugzeugbombern, die den schwersten Luftangriff auf die Stadt Wien ankündigen.

Die Personenkonstellation

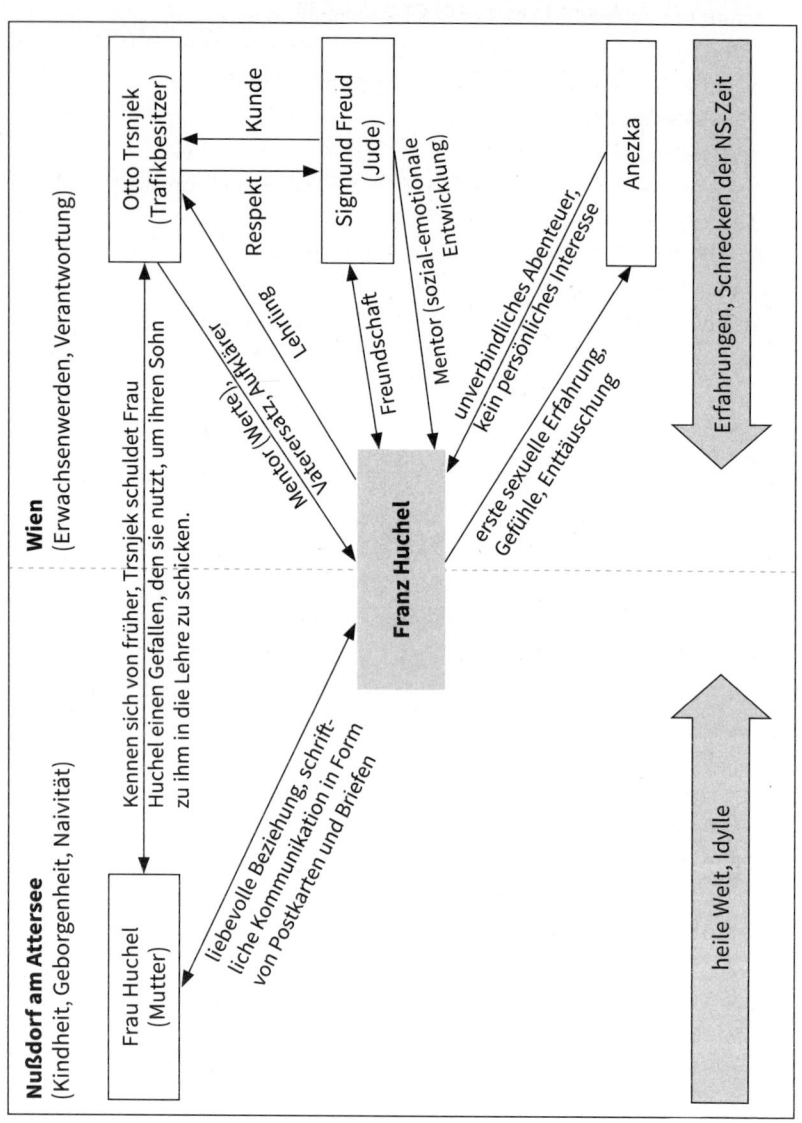

Inhalt, Aufbau und erste Deutungsansätze

Abschnitt 1 (S. 7, Z. 1 – S. 10, Z. 5) – Der vorausdeutende Auftakt des Romans

Seethalers Roman beginnt mit der Beschreibung eines Unwetters, vor dem der 17-jährige Franz Huchel Schutz in dem Fischerhaus genießt, das er mit seiner Mutter bewohnt. Als der Sturm sich legt, betritt auch die Mutter das Haus, welche im Gegensatz zu ihrem Sohn erst nach dem Unwetter zu Hause eintrifft und Franz über den Tod von Alois Preininger, ihres Liebhabers und Unterstützers, in Kenntnis setzt.

Bereits der erste Abschnitt lässt keinen Zweifel daran, dass den Leser ein kunstvoller Roman erwartet, da Seethaler seinen Romananfang idealtypisch angelegt hat. Nach Fontane[1] ist „[d]as erste Kapitel [...] die Hauptsache, die erste Seite, beinah der erste Satz. In der ersten Seite steckt der Keim des Ganzen"[2]. Genau dies ist Seethaler gelungen, denn schon im ersten Abschnitt streut er vielerlei Hinweise auf die Handlung des Romans, die sehr vielschichtig angelegt ist.

Der erste Abschnitt als Vorausdeutung

Der erste Satz führt den Leser expositorisch in Zeit, Ort und Umstände ein: Die Handlung ereignet sich „im Spätsommer des Jahres 1937" (S. 7, Z. 1), also etwa zwei Jahre vor dem Beginn des Zweiten Weltkrieges, im Salzkammergut[3]. Die jahreszeitliche Einordnung in den Spätsommer lässt bereits erahnen, dass sich etwas im Umbruch befindet, was in der Fortführung des Satzes sogar deutlich ausge-

---

[1] Theodor Fontane (1819–1898) war ein bedeutender deutscher Schriftsteller und Vertreter des Realismus.
[2] Fontane in einem Brief vom 18. August 1880, in: Theodor Fontane. Werke, Schriften und Briefe. Hanser: München 1974, IV/3, S. 101
[3] Region in Österreich

sprochen wird, denn das beschriebene Unwetter soll dem Leben des Heranwachsenden, das bislang „eher ereignislos vor sich hin tröpfel[te] [...] eine ebenso jähe wie folgenschwere Wendung geben" (S. 7, Z. 4 f.). Dass es sich dabei um einen drastischen Einschnitt mit weitreichenden Folgen handelt, kann durch die beindruckende Beschreibung des tobenden Unwetters im ersten Absatz herausgelesen werden.

Bereits „beim ersten fernen Donnergrollen" (S. 7, Z. 6) hat Franz sich in das Haus zurückgezogen, das er mit seiner Mutter bewohnt, „um in der Sicherheit seiner warmen Daunenhöhle dem unheimlichen Tosen zuzuhören" (S. 7, Z. 9 f.). Dieses Verhalten und die genauere Beschreibung seines Zuhauses, geprägt von Diminutiven (Verkleinerungsformen), als „kleine[s] Fischerhaus" (S. 7, Z. 7 ff.) in dem Örtchen Nußdorf am Attersee lässt auf ein behütetes Leben unter der schützenden Hand der Mutter schließen. Franz wirkt in diesen Beschreibungen sehr kindlich und scheint vor den Gefahren der Welt geschützt; dass dieser Zustand jedoch nicht anhält, wurde bereits im ersten Satz betont und nun durch die ausführliche Beschreibung des Unwetters, das besonders durch akustische Wahrnehmungen in seiner Kraft dargestellt wird, unterstützt: Es „rüttelte [...] an der Hütte" (S. 7, Z. 11), „Balken ächzten, draußen knallten Fensterläden" (S. 7, Z. 12) und Regen „prasselte [...] gegen die Fensterscheiben" (S. 7, Z. 15). Noch befindet Franz sich im Schutz seines kindlichen Lebens, das durch das Haus der Mutter symbolisiert wird, dass dieser Zustand jedoch nicht Bestand haben wird, wird durch das Unwetter verdeutlicht, das diesen Rückzugsort stark von außen beeinflusst, und durch die drastische und makabre Wortwahl unterstützt, denn „ein paar geköpfte Geranien [ersoffen] in ihren Kübeln" (S. 7, Z. 16). Diese negativ konnotierte Wortwahl aus dem Bereich des Todes ist als Vorausdeutung auf die fatalen Folgen der im weiteren Verlauf des Romans geschilderten politischen Entwicklungen zu werten, die auch den Tod des Protagonisten bedingen werden. Der moralische Verfall und das unmenschliche Handeln in der Zeit des Nationalsozialismus werden zudem durch den wackelnden eisernen Jesus (vgl. S. 7, Z. 17 f.) angedeutet. Die Beschreibung des Unwetters gipfelt darin, dass Boote „von den aufgepeitschten Wellen gegen ihre Uferpflöcke geschleudert wurden" (S. 7, Z. 21 f.). Seethaler entwirft also auf der ersten Seite eine Szenerie, die auf die verheerenden Ereignisse hindeutet, die nicht nur Franz Huchels Leben, sondern beinahe die ganze Welt erschüttern werden.

Die Vielschichtigkeit des Romans zeigt sich mit dem Eintreffen der Mutter, denn Seethalers Roman kann nicht als bloßes Mahnmal der NS-Zeit gesehen werden, da er auch die Adoleszenz[1] des Protagonisten, das Heranreifen zum Erwachsenen, in ihren Facetten beleuchtet. Dass dieser Prozess die weitere Handlung prägen wird, wird ebenfalls durch das bereits zuvor thematisierte Unwetter aufgezeigt, da dieses indirekt der Auslöser für den Ablösungsprozess von der Mutter ist; Alois Preininger, der, wie sich im zweiten Abschnitt zeigen wird, für das finanzielle Wohl der Familie Huchel gesorgt hat, ist diesem Unwetter, das den Einschnitt in Franz Huchels behütetes Leben markiert, zum Opfer gefallen.

Vielschichtigkeit des Romans

Auch das Eintreffen der Mutter bildet einen starken Kontrast zu der zuvor geschilderten Ruhe und Behaglichkeit, denn die Tür fliegt „mit einem jähen Kracher" (S. 18, Z. 1) auf, ein weiterer Hinweis auf das Ende der Kindheit im Schutz des Heims der Mutter. Im Gegensatz zu Franz wirkt Frau Huchel sehr dynamisch und tatkräftig, scheint aber dem Unwetter ausgesetzt gewesen zu sein, das auf mehreren Ebenen für die Erschütterung der Welt steht, wie bereits deutlich wurde. Beim Anblick seiner Mutter muss

Kontrastive Darstellung Franz – Mutter

---

[1] S. Anm. S. 7.

Franz „an das schief verschnitzte Marienbild denken, dass irgendjemand in alten Zeiten an den Türstock der Nußdorfer Kapelle genagelt hatte" (S. 8, Z. 28 ff.), wodurch metaphorisch Hinweise auf Frau Huchels Rolle als Mutter gegeben werden. Das Marienbild kann als Zeichen der Mutterliebe gewertet werden. Frau Huchel scheint sich aber von dem traditionellen Mutterbild abzuheben, diese Andersartigkeit wird durch das Schiefe des Marienbildes veranschaulicht. Frau Huchel ist alleinerziehend und kümmert sich allein um Haus und Sohn, ein Umstand, der zu dieser Zeit eher ungewöhnlich war.

Frau Huchel zeigt sich bei ihrem Eintreffen erschüttert und verzweifelt (vgl. S. 9, Z. 8 ff.), was ungewohnt für ihren Sohn ist. Die Umkehrung der Rollen, die hier durch die Innensicht in der Erzählperspektive sogar wörtlich betont wird, liefert einen weiteren Hinweis auf das Ende der Kindheit, denn nun versucht Franz unbeholfen, seiner Mutter beizustehen (vgl. S. 16 ff.), wohingegen sie sonst ihm tröstend zur Seite steht.

Einschneidendes Ereignis Nachdem Frau Huchel die sie erschütternde Nachricht, dass Alois Preininger ums Leben gekommen ist, ausgesprochen hat, fasst sie sich wieder und kehrt nach diesem kurzen Moment der Schwäche in ihre Rolle zurück. Auch wenn der Leser noch nicht weiß, welche Rolle Preininger im Leben der Huchels gespielt hat, ist klar, dass es sich bei seinem Tod um ein weitreichendes Ereignis handelt, das in diesem Fall als Auslöser der Wendung im Leben Franz Huchels gewertet werden kann. Durch diese Häufung von Andeutungen wird eine gewisse Spannung ausgelöst, die zum Weiterlesen anregt.

Der erste Abschnitt als Exposition und Vorausdeutung Insgesamt erfüllt dieser erste Abschnitt die Aufgabe einer Exposition. Der Leser wird in das Geschehen eingeführt, erfährt etwas über den Handlungsort und über das Leben des Protagonisten. Bildhafte Sprache und drastische Wortwahl liefern dabei viele Vorausdeutungen auf die unheilvollen politischen Entwicklungen, die zum Krieg und Tod unzähliger Menschen führen werden. Auch das Ende einer Kindheit wird auf vielfältige Weise bereits auf den ersten Seiten angedeutet. Den Leser erwartet also nicht nur die Geschichte des Erwachsenwerdens des Protagonisten Franz Huchel, sondern auch die Erschütterung der Welt durch den Nationalsozialismus.

Abschnitt 2 (S. 10, Z. 6 – S. 14, Z. 5) – Alois Preiningers Tod

Nachdem Frau Huchel ihren Sohn verzweifelt über Preiningers Tod informiert hat, wird nun auch der Leser in einer Rückblende über die Umstände des Todes eines der reichsten Männer der Region und die Bedeutung dieses Ereignisses für Familie Huchel aufgeklärt. Zu diesem Zwecke findet ein Wechsel der Erzählperspektive statt, da nun nicht die Entwicklung Franz Huchels im Vordergrund steht. Auch wenn der Erzähler zumeist die Perspektive Huchels einnimmt, gibt es einige Stellen im Roman, in der eine Anreicherung stattfindet, indem ein Wechsel der Erzählperspektive erfolgt.

Der Abschnitt beginnt mit einer ausführlichen Beschreibung des Wohlstandes, den Preininger genossen hat. Der Großgrundbesitzer ist einer der reichsten Männer der Region und genießt seine Position. Er ist den Frauen sehr zugetan und der Leser erfährt, dass er seit vielen Jahren auch ein unverbindliches Verhältnis mit Frau Huchel hat, weshalb er die Familie in finanzieller Hinsicht großzügig unterstützt, was Mutter und Sohn ein besseres, wenn auch bescheidenes Leben ermöglicht. Hervorzuheben ist dabei der Umstand, „dass [Franz] nicht wie all die anderen jungen Burschen den ganzen Tag in irgendwelchen Salzstollen oder Misthaufen herumkriechen musste, um sich ein kärgliches Auskommen zu verdienen. Stattdessen konnte er von früh bis spät durch den Wald spazieren […] und seinen

Bedeutung Preiningers

Gedanken und Träumen nachhängen" (S. 11, Z. 30 – S. 12, Z. 7). Die finanzielle Zuwendung des Liebhabers enthebt Franz also der Verantwortung, für das Einkommen der Familie mit aufzukommen. Stattdessen führt er ein sorgloses Leben ohne Pflichten, was dazu führt, dass er anders als die anderen Jugendlichen nicht den Anforderungen des Lebens ausgesetzt ist und ein (über-)behütetes kindliches Leben in dem von der Mutter geschaffenen Schutzraum führen kann. Dass dieser Zustand durch den Tod Preiningers und das damit verbundene Ende des Geldflusses nun der Vergangenheit angehört, wird schnörkellos in einer kurzen Parataxe auf den Punkt gebracht: „Doch damit war es jetzt vorbei." (S. 12, Z. 8) Der Tod des reichen Liebhabers wird Folgen haben, die Franz dazu zwingen werden, den Zustand seiner kindlich-naiven Welt zu verlassen.

Todesumstände   Im weiteren Verlauf des Abschnitts werden die Umstände des Todes näher beschrieben. Nach einem opulenten Mahl im Wirtshaus wird Preininger beim Schwimmen im See von dem Unwetter überrascht, das wie aus dem Nichts über ihn hereinbricht, da er die Zeichen der Natur zuvor nicht zu deuten gewusst hat, was als Anspielung auf die fehlende Wahrnehmung gefährlicher politischer Tendenzen aufgefasst werden kann und somit als Spiegel der Gesellschaft fungiert. Auch als das Unwetter bereits über ihm tobt, erkennt er die Gefahr nicht und verfällt in einen ekstatischen Zustand und wird, gerade als er „seinen Oberkörper aus dem Wasser [bäumte] und juchzte" (S. 13, Z. 27 f.), vom Blitz erschlagen.

Abschnitt 3 (S. 14, Z. 6 – S. 16, Z. 25) – Die Beerdigung Preiningers

Die Beisetzung Preiningers findet vor den Augen vieler Besucher auf dem Nußdorfer Friedhof statt. „[A]uffällig viele schwarz verschleierte Frauen" (S. 14, Z. 9 f.) zeigen sich dabei trauernd, was andeutet, dass der Verstorbene neben

Frau Huchel auch mit anderen Frauen des Dorfes intime Kontakte gepflegt hat.

Nach der Beisetzung sucht die Mutter auf dem Heimweg das Gespräch mit ihrem Sohn und teilt ihm dabei einen folgenschweren Entschluss mit. Der Tod Preiningers scheint dabei Auslöser für ihre Entscheidung gewesen zu sein, und so beginnt sie das Gespräch auch mit der Feststellung: „Der Preininger ist gegangen [...] und die Zeiten werden nicht besser. Es liegt was in der Luft." (S. 15, Z. 8 ff.) Frau Huchel scheint die gefährlichen politischen Tendenzen durchaus wahrzunehmen und zu ahnen, dass diese schlimme Folgen haben werden. Den Tod ihres finanziellen Unterstützers und die angespannte politische Situation nimmt sie zum Anlass, die Lebenssituation ihres Sohnes kritisch zu überdenken. Dabei ist ihr bewusst, dass Franz durch das Leben jenseits jeglicher Verantwortung und ohne körperliche Anstrengung für sein Alter zu zart und kindlich ist. Sie selbst sieht ihn als schwach an, was sie durch die Aussage „du hast immer noch ganz zarte Hände. Zart und weich und weiß, wie von einem Mädchen" (S. 15, Z. 13 f.) verbalisiert. Sie scheint sich Sorgen darum zu machen, dass es für Franz schwer sein könnte, seinen Platz zu finden, da er für die harte Arbeit im Dorf nicht gemacht ist. Im Verlauf ihrer Ausführungen wird deutlich, dass Frau Huchel, ohne mit ihrem Sohn darüber zu sprechen, aus diesem Grund für diesen eine Ausbildung in dieser Trafik[1] organisiert hat. Otto Trsnjek, der Besitzer dieser Trafik in Wien, erwartet ihn bereits am nächsten Tag. Wie bei der finanziellen Unterstützung durch Preininger spielt auch bei der Beschaffung der Arbeitsstelle eine alte Liebschaft eine Rolle. Frau Huchel selbst erzählt ihrem Sohn, Trsnjek schulde ihr noch einen Gefallen (vgl. S. 15, Z. 28). Als ihr Sohn den Grund dafür erfahren möchte, antwortet sie: „Die Saison damals war

Entscheidung der Mutter – Ausbildung ihres Sohnes als Trafikant

---

[1] S. Anm. S. 7.

heiß, und wir waren jung und recht dumm im Schädel ..."
(S. 16, Z. 1 ff.) Frau Huchel scheint also insgesamt ein offenes und selbstbestimmtes Liebesleben geführt zu haben, was sie nun zu ihrem Vorteil nutzt.

Überforderung Franz Huchels

Das Gespräch zwischen Mutter und Sohn hat einen informierenden Charakter, da ohne Franz' Wissen die Entscheidung, dass er seine Heimat verlassen soll, um in Wien eine Lehre zum Trafikanten anzutreten, bereits gefallen ist. Franz selbst hat keine Entscheidungsmöglichkeit und wird vor vollendete Tatsachen gestellt. Es scheint, als würde er aus dem Schutzraum der Kindheit nun ins kalte Wasser geworfen, indem seine Mutter befiehlt: „[D]u machst dich morgen auf den Weg nach Wien!" (S. 16, Z. 20 f.) Franz selbst ist von dieser plötzlichen Entwicklung überrumpelt. Als er „erschrocken" (S. 16, Z. 23) versucht, zu insistieren, gibt ihm seine Mutter eine Ohrfeige. Nicht der Sohn trifft also die Entscheidung, sich von der Mutter zu lösen, um ein eigenes Leben zu führen, sondern die Mutter stößt den Prozess der Ablösung an, während dieser ansonsten noch in dem alten Zustand als Kind verweilt wäre. Dass die Ohrfeige der Mutter „ihn so plötzlich [traf], dass er zwei Schritte zur Seite taumelte" (S. 16, Z. 24 f.), unterstreicht diese Konstellation, und so ist es nicht verwunderlich, dass Franz seine neue Rolle als Erwachsener erst noch finden muss, wie sich im weiteren Verlauf des Romans zeigen wird, da er in diese neue Situation von heute auf morgen hineingeworfen wird, was ihm viel abverlangt. Frau Huchel scheint dabei aber das Wohl ihres Sohnes im Sinn zu haben, weil sie die Lehre in der Trafik als beste Möglichkeit für ihn sieht, da „[s]o einer wie [er] nicht im Wald arbeiten kann. Auf dem See schon gar nicht" (S. 15, Z. 14 ff.). Sie handelt also aus ihrem mütterlichen Verantwortungsgefühl heraus und stößt ihn wie eine Vogelmutter ihr Junges aus dem Nest, damit dieses fliegen lernt.

Innenhof eines Hauses in Nußdorf, 1909

Abschnitt 4 (S. 16, Z. 26 – S. 22, Z. 7) – Ankunft in Wien

Nach einer schnellen und scheinbar emotionslosen Verabschiedung (vgl. S.16, Z. 29ff.) von seiner Mutter besteigt Franz tatsächlich bereits am nächsten Tag den Zug nach Wien. Bei der Abfahrt sieht Franz „die winkende Mutter auf dem Bahnsteig immer kleiner werden, bis sie schließlich ganz verschwand, ein undeutlicher Fleck im morgendlichen Sommerlicht" (S. 17, Z. 5ff.). Während der Sohn in die Welt hinausgeht, um zum Mann zu werden, verbleibt die Mutter in dem alten Umfeld. Mit dem Anblick der Mutter schwindet auch Franz' Orientierung in der Welt, was zu dem Gefühl der Unsicherheit führt, sodass „ihm ein bisschen schwindelig wurde" (S. 17, Z. 9). Bislang hat er die Heimat nur wenige Male und immer in der Sicherheit einer Gruppe verlassen, er hat also wenig Erfahrung und kennt

Vorausdeutung auf weitere Handlung

Gefühl der Unsicherheit …

sich nur im Bereich des heimatlichen Dorfes aus. Diese Unsicherheit weicht während der Fahrt aber einer Neugier
und steigert sich in freudige Erwartung, da ihm nun die große Welt offensteht, denn „[v]or seinem Inneren tauchte die
Zukunft auf wie ein weit entfernter Uferstreifen aus dem
Morgennebel: noch ein bisschen undeutlich und verwischt,
aber doch auch verheißungsvoll und schön" (S. 17, Z. 18 ff.).
Die Entwicklung in dem Leben Franz Huchels geht auf einmal rasant voran, was durch die Fahrt des Zuges, der „mit
der unvorstellbaren Geschwindigkeit von fast achtzig Kilo-
metern pro Stunde in Richtung Wien [rast]" (S. 17, Z. 29 f.),
verdeutlicht wird.

Die Fahrt verläuft „ohne nennenswerte Vorkommnisse"
(S. 18, Z. 7), bis der Zug einen Halt einlegen muss, da sich
auf den Gleisen eine tote Kuh befindet, „die sich zum Sterben ausgerechnet die Gleise der Westbahnstrecke ausge-
sucht hatte und nun schwer und stinkend auf den Schwel-
len lag" (S. 18, Z. 27 ff.). Diese schroffe Beschreibung des
Tierkadavers kann als weitere Vorausdeutung auf die Romanhandlung gewertet werden. Die tote Kuh symbolisiert
dabei das Ende des Landlebens, das Franz bis zu diesem
Zeitpunkt geführt hat, und weist darüber hinaus auf das
bevorstehende Unheil hin, das im Tod des Protagonisten
gipfelt. Während ein paar Männer die Kuh von den Gleisen
schaffen, beobachtet Franz sie, „seine weichen Mädchen-
hände hinter dem Rücken verschränkt" (S. 18, Z. 30 f.), aus
„sicherer Entfernung" (S. 19, Z. 2). Ein weiteres Mal wird
durch die Beschreibung der Hände wie bereits im vorherigen Textabschnitt die Unreife Franz Huchels vor Augen geführt. Er verhält sich passiv und nimmt die Rolle des vor-
sichtigen Beobachters ein, was sich im Laufe des Romans
mit dem zunehmenden Reifeprozess ändern wird.

Die Ankunft in Wien löst in Franz dann eine Überforderung
aus. Ihm „wurde ein bisschen schlecht und er musste sich
am nächsten Gaslaternenmast festhalten" (S. 19, Z. 17 f.).

Marginalien: … Neugier … … Erwartung; Tote Kuh – Ende des Landlebens und Hinweis auf die Zukunft; Passives Verhalten Franz'; Überforderung bei der Ankunft

Die Großstadt Wien um 1930

Die Eindrücke der Großstadt brechen über ihn herein. Es folgt eine ausführliche Beschreibung der auf ihn einstürzenden Eindrücke, wobei besonders akustische Reize zum Ausdruck gebracht werden. All diese Eindrücke der pulsierenden, ruhelosen Stadt stellen eine Überforderungen für den Jungen vom Land dar, was sich sprachlich in den überwiegend verwendeten Satzreihen (Parataxen) und asyndetischen Aufzählungen[1] wie „ein unfassbares Durcheinander von Tönen, Klängen und Rhythmen, die sich ablösten, ineinanderflossen, sich gegenseitig übertönten, überschrien, überbrüllten" (S. 20, Z. 8 ff.) widerspiegelt. Der Ruhe seiner Heimat Nußdorf am Attersee wird nun die überwältigende Reizüberflutung Wiens gegenübergestellt. Die Menschen werden ohne Individualität als „Jemand" (u. a. S. 20, Z. 18) wahrgenommen, was im Kontrast zu dem vertrauten Leben innerhalb der Dorfgemeinde steht. Neben all den Menschen und dem Lärm nimmt Franz zudem einen „Gestank"

---

[1] Aufzählungen, die nicht mittels einer Konjunktion verbunden werden

(S. 20, Z. 23) wahr, den er mit dem Kanal in Verbindung bringt. Eine Frau klärt ihn jedoch darüber auf, dass nicht der Kanal die Ursache sei, es seien „die Zeiten. Faulige Zeiten sind das nämlich. Faulig, verdorben und verkommen!" (S. 21, Z. 10 f.). Diese Aussage kann als Anspielung auf den aufkommenden Nationalsozialismus gewertet werden. Anders als seine Mitmenschen – Frau Huchel hat im vorherigen Abschnitt ebenfalls auf die sich anbahnenden politischen Tendenzen hingewiesen[1] – nimmt Franz diese Entwicklungen nicht wahr, da er noch nicht über die notwendige Reife verfügt, weshalb er diese Andeutungen auch nicht versteht. Als seine Gesprächspartnerin ihm den Rat gibt, „am besten gleich wieder zurück[zufahren]" (S. 21, Z. 21 f.), antwortet Franz: „Blödsinn! […] Es gibt kein Zurück, und außerdem gewöhnt man sich an alles." (S. 21, Z. 26) Franz fügt sich also der Entscheidung der Mutter und schlägt den Weg zur Trafik ein, „so wie es ihm die Mutter gesagt hatte" (S. 22, Z. 2 f.).

Insgesamt kommt dem Ortswechsel von Nußdorf am Attersee nach Wien eine große Bedeutung zu. Dieser Wechsel symbolisiert nicht nur das Ende der Kindheit und den durch die Mutter ausgelösten Adoleszensprozess, der zur Weiterentwicklung Franz Huchels führt, das Eintreffen in Wien bringt auch eine Konfrontation mit sozialen und politischen Problemen mit sich, die den naiven Franz ein politisches Bewusstsein entwickeln lassen werden.

Mit der Ankunft in Wien endet der erste und kürzeste der vier im Roman enthaltenen Handlungsabschnitte. Es folgt die Schilderung des Lebens als Trafikantenlehrling, der größte Handlungsabschnitt des Romans, in dem der Reifeprozess des Protagonisten und die sich zuspitzende politische Situation geschildert werden.

Marginalien:
- Anspielung auf aufkommenden Nationalsozialismus
- Bedeutung des Ortswechsels

---

[1] Vgl. Abschnitt 3, S. 17.

Stationen der Handlung im Roman „Der Trafikant"

Teil 1: Ende des behüteten Lebens in Nußdorf am Attersee und Aufbruch nach Wien 1937 (S. 7–22) **Teil 2:** Reifeprozess Franz Huchels (Trafikantenlehre) 1937 (S. 22–160) **Teil 3:** Franz als verantwortungsvoller Mann und Trafikant 1938 (S. 160–247) **Teil 4:** Vorausblick auf das Jahr 1945 (S. 247–250)

Abschnitt 5 (S. 22, Z. 8–S. 27, Z. 20) – Erstbegegnung mit Otto Trsnjek

Bevor Franz die Trafik betritt, richtet er Haare und Kleidung und versucht, einen guten Eindruck zu machen, was zeigt, dass er gewillt ist, seine Aufgabe angemessen zu erfüllen. Es folgt eine Beschreibung des Lädchens und seines Besitzers Otto Trsnjek, die im Kontrast zu der vorangegangenen Beschreibung der Stadt Wien steht, denn die Trafik wirkt anders als die grelle, laute Stadt ruhig. Als Franz die Trafik betritt, sieht er, wie Trsnjek „sorgfältig und konzentriert Zahlen in offenbar dafür vorgesehene Spalten und Kästchen ein[trägt]" (S. 23, Z. 7 f.), wobei den „ältere[n] Mann" (S. 23, Z. 5 f.) eine gewisse „dumpfe Ruhe" (S. 23, Z. 9) umgibt. Dieser Kontrast in der Beschreibung Wiens und der Trafik führt dazu, dass Otto Trsnjek indirekt als neue Bezugsperson für Franz Huchel eingeführt wird, der ihm nach der räumlichen Trennung von der Mutter, die zuvor die Konstante in seinem Leben gewesen ist, Halt geben und die Richtung weisen wird.

Trsnjek als Orientierungspunkt

Nach einer Vorstellung und Begrüßung weist Trsnjek Franz in das Trafikantenleben ein. Der körperlich vom Ersten Weltkrieg gezeichnete Mann – ihm wurde ein Bein amputiert – legt großen Wert auf Wissen und ein politisches Bewusstsein. Die von ihm verkauften Zeitungen sind für ihn dabei von besonderem Wert, er bezeichnet sie als „meine Bekannten. Meine Freunde. Meine Familie" (S. 24, Z. 6 f.),

Wert der Zeitungslektüre

was die Wichtigkeit der Zeitschriften noch einmal hervorhebt. Dementsprechend trägt er Franz bei den Einweisungen in seine Aufgaben auch auf, Zeitungen zu lesen, denn dies sei das „einzig Wichtige" (S. 25, Z. 2 f.), „keine Zeitung zu lesen hieße ja auch, […] kein Mensch zu sein" (S. 25, Z. 4 f.). Dabei klärt er Franz darüber auf, dass eine „Hirn und Horizont gleichermaßen erweiternde Zeitungslektüre […] *alle* sich auf dem Markt […] befindlichen Zeitungen" (S. 25, Z. 9 ff.) beinhalte. Trsnjek propagiert also eine umfassende Auseinandersetzung mit dem weltlichen und politischen Geschehen, was zu einer differenzierten eigenen Meinung führt. Schon an dieser Stelle deutet sich somit an, dass Otto Trsnjek großen Einfluss auf den jungen Franz Huchel haben und ihm zu einem eigenen kritischen politischen Bewusstsein verhelfen wird.

Bedeutung
der Zigarren

Neben dem Wert der Zeitungen weist Trsnjek zudem auf die besondere Bedeutung der Zigarren hin, die in der Trafik vertrieben werden, denn „erst das Aroma, der Duft, der Geschmack und die Würze einer gehörigen Auswahl von Zigarren verwandle einen stinknormalen Zeitungsverkaufsstand mit Rauchwarenzubehör in einen Tempel sowohl des Geistes als auch des Genusses" (S. 26, Z. 15 ff.). Die Zigarren repräsentieren dabei die große weite Welt, den Genuss und die damit verbundene Freiheit. Zudem weist Trsnjek darauf hin, dass das Geschäft mit den Zigarren, wie alles andere auch, „[v]on der Politik […] zugrunde gerichtet" (S. 27, Z. 2 ff.) werde und „heutzutage kaum noch Zigarren zu kriegen" (S. 27, Z. 6) seien, ein eindeutiger Hinweis auf die sich entwickelnde Einschränkung der Freiheit, die mit der Nazifizierung Österreichs einhergeht.[1] Trsnjek zeigt sich also als gebildeter Mann, der die politischen Entwicklungen mit kritischem Blick verfolgt.

---

[1] Vgl. Kapitel „Der Anschluss Österreichs", S. 98 ff.

Abschnitt 6 (S. 27, Z. 22 – S. 29, Z. 26) – Das neue Leben als Trafikantenlehrling

Franz hat eine kleine Kammer hinter dem Verkaufsraum bezogen und nimmt seine Tätigkeit als Trafikantenlehrling auf. Von nun an hat er einen festen Tagesablauf und erscheint „jeden Tag pünktlich um sechs Uhr morgens" (S. 27, Z. 21 f.) „[m]it einer für ihn selbst überraschenden Morgenlaune" (S. 27, Z. 25 f.) in der Trafik. Die ihm von Trsnjek übertragenen Aufgaben tun ihm gut und sein Mentor gibt seinem Leben eine feste Struktur, an der Franz sich von nun an orientieren kann.

Strukturen als Halt

Einen besonders großen Raum nimmt dabei die Lektüre von Zeitungen aller Art ein. Ist das Lesen für ihn zunächst noch mühsam (vgl. S. 28, Z. 6 ff.), so gewöhnt er sich mit der Zeit immer mehr daran und ist „sogar zunehmend in der Lage, aus den verschiedenen Artikeln ihren jeweiligen Sinn herauszuklauben" (S. 28, Z. 26 f.). Bald schon kann er die mithilfe von Trsnjek ausgewählten Blätter flüssig lesen und unterschiedliche Standpunkte und Sichtweisen wahrnehmen. Schließlich findet er Vergnügen an der Lektüre, die ihm „eine kleine Ahnung von den Möglichkeiten der Welt" (S. 29, Z. 5 f.) gibt. In Nußdorf dagegen hatte er nur Zugriff auf eine Zeitung, die „von der Gattin des Bürgermeisters eigenhändig" (S. 28, Z. 10) verfasst wurde, und auch diese hat er nicht gelesen, sondern lediglich als Toilettenpapier verwendet. Das kleine Nußdorf steht also ein weiteres Mal im Kontrast zur Großstadt Wien, mit der räumlichen Veränderung findet auch eine Erweiterung des Wissens statt, die differenzierte Lektüre trägt dazu bei, dass sich der unaufgeklärte Dorfjunge zu einem mündigen Mann entwickelt.

Wissenserweiterung

Neben den Zeitungen ist Franz von den Zigarren fasziniert, die die Trafik führt, er fühlt sich also genau von den Dingen angesprochen, deren Wert Trsnjek bei seiner Ankunft her-

Zigarren als Symbol

vorgehoben hat.[1] Die Zigarren sind dabei ein Symbol der Freiheit und der weiten Welt, ihr Geruch erinnert an das „sehnsuchtsvolle[...] Gebrüll der Raubtiere, das die Urwalddunkelheit erfüllte" (S. 29, Z. 18 ff.), und Trsnjek klärt Franz darüber auf, dass „[e]ine *sehr* gute Zigarre [...] nach der ganzen Welt" (S. 29, Z. 24 f.) schmeckt. Das Symbol der Zigarre taucht im Verlauf des Romans immer wieder auf und veranschaulicht so auch die Freiheit der Gedanken, die durch das nationalsozialistische Regime immer stärker eingeschränkt wird.

Abschnitt 7 (S. 29, Z. 27 – S. 33, Z. 19) – Die Kunden

Nicht nur das Lesen von Zeitungen ist eine Aufgabe, die Franz sehr ernst nimmt und verinnerlicht, sondern auch den Rat, sich die Kunden zu merken und ihre Gewohnheiten zu kennen, da laut Trsnjek „[d]as Gedächtnis das Kapital des Trafikanten" (S. 30, Z. 14) ist, und so kennt er schon bald die Kunden und ihre Vorlieben.

Frau Dr. Dr. Heinzel – Mitläuferin

In diesem Abschnitt folgt eine Aufzählung stereotyp angelegter Kunden und ihrer Gewohnheiten. Die interessanteste Figur dieser Kundenmenge ist Frau Dr. Dr. Heinzel, „die die Universität nicht einmal als Gebäude erkannt hätte" (S. 30, Z. 24), die Doktortitel, die sie von ihren verstorbenen Ehemännern übernommen hat, aber dennoch „stolz durch die Gegend [trägt]" (S. 31, Z. 2). Es wird also deutlich, dass die Titel hier als Schmuck getragen werden, ein fast schon satirischer Seitenhieb auf die Titelverliebtheit, die den Österreichern immer wieder nachgesagt wird. Frau Dr. Dr. Heinzel ist also nur auf dem Papier besonders gebildet. Im späteren Verlauf des Romans taucht diese Figur weitere Male auf und veranschaulicht das Augenverschließen vor Gewaltakten der Nationalsozialisten gegen Juden und damit mangelndes politisches Aufbegehren.

---

[1] Vgl. Abschnitt 5, S. 23 f.

Auch der Rote Egon, ein „bekennender Sozialdemokrat" (S. 32, Z. 15), der immer „begann [...] von Revolutionen zu erzählen" (S. 32, Z. 19), tritt später noch in Erscheinung und wird zur Figur des offenen Widerstands gegen das national-sozialistische Regime, indem er durch einen offenen Selbstmord versucht, ein Zeichen zu setzen.

Der Rote Egon – Widerstand

Einige Kunden kaufen neben Tabakwaren und verschiedensten Zeitungen auch „Zärtliche[...] Magazine" (S. 33, Z. 7), verbotene Ware, die in einer Schublade unter der Verkaufstheke unter Verschluss gehalten wird. Trsnjek erläutert dem unbedarften Franz Huchel dazu, dass ein guter Trafikant nicht nur Tabak und Papier verkaufe: „Ein guter Trafikant verkauft Genuss und Lust – und manchmal Laster!" (S. 33, Z. 18 f.) Dieser Verkauf pornografischer Magazine dient im späteren Handlungsverlauf als Vorwand für die Verhaftung des Trafikanten.

Verbotene Ware

Abschnitt 8 (S. 33, Z. 20 – S. 35, Z. 3) – Postkarten an die Mutter

Vor seiner Abreise hat Frau Huchel ihrem Sohn aufgetragen, ihr jede Woche eine Postkarte zu schreiben, „nicht mehr und nicht weniger" (S. 33, Z. 20), „weil eine Mutter muss wissen, wie es ihrem Kind geht!" (S. 33, Z. 24 f.). Das allwöchentliche Schreiben der Postkarten in die Heimat, die von der Mutter beantwortet werden, wird zu einem Ritual, wobei Franz darauf bedacht ist, Kartenmotive zu wählen, die seine „Mutter in einsamen Regenstunden vielleicht ein bisschen aufheitern" (S. 34, Z. 13 f.); das Wohl seiner Mutter liegt ihm am Herzen, und auch wenn die geschilderten Zeilen belanglos klingen, so wird deutlich, dass Mutter und Sohn ein inniges Band verbindet: „[B]eide hätten eigentlich lieber miteinander gesprochen oder wären zumindest schweigend nebeneinander gesessen und hätten dem Schilf zugehört" (S. 34, Z. 17 ff.), und die Postkarten sind für sie „Rufe aus der Heimat in die Fremde hinaus und wieder

Bedeutung der Postkarten – Reifeprozess Franz'

Salzkammergut. Attersee.

Postkarte Nußdorf am Attersee

zurück, wie kurze Berührungen, flüchtig und warm" (S. 34, Z. 25 ff.). Die Tatsache, dass Franz sich nunmehr um die Mutter sorgt und sich ihre Rollen damit umkehren, verdeutlicht den Reifeprozess des Sohnes.

Franz bewahrt alle Karten seiner Mutter in seinem Nachtkästchen auf, was die Bindung zur Mutter unterstreicht. Während der Sohn unterschiedliche Motive wählt, zeigt jede Karte der Mutter ein Bild des Attersees, sodass in seiner Schublade eine Sammlung „lauter kleine[r], glitzernde[r] Atterseen" (S. 34, Z. 29 f.) entsteht, wobei der Attersee ein Symbol der Heimat darstellt, mit der er sich sehr verbunden fühlt.

Attersee als
Symbol der
Heimat

Abschnitt 9 (S. 35, Z. 4 – S. 45, Z. 26) – Die erste Begegnung mit Sigmund Freud

Bedeutung
der Wetter-
beschreibung

Der Abschnitt, der die bedeutsame Erstbegegnung mit Sigmund Freud (1856 – 1939) schildert, beginnt mit einer Wetterbeschreibung, die Aufschluss über die fortschreitende

Nazifizierung Österreichs gibt, denn es „wehte der erste Herbstwind [...] die Hüte von den Köpfen der Passanten" (S. 35, Z. 4 f.) und „[e]s war kühl geworden" (S. 35, Z. 8), weshalb Franz beginnt, eine „braune Wollweste zu tragen" (S. 35, Z. 11 f.). Die Schilderung des Wetters deutet auf die sich zuspitzende politische Lage hin, welche von Trsnjek auf den Punkt gebracht wird: „Die Leute sind ganz narrisch nach diesem Hitler und nach schlechten Nachrichten – was ja praktisch ein und dasselbe ist" (S. 35, Z. 16 ff.). Ein weiteres Mal zeigt sich Trsnjek als weitsichtiger Mann mit einem ausgeprägten politischen Bewusstsein, der die gefährlichen Tendenzen erkennt.

Es folgt der Besuch Sigmund Freuds in der Trafik, der sich deutlich von den anderen Kunden abhebt. Auch wenn er insgesamt alt und gebrechlich ist, zeigt sich an der Beschreibung seiner „glänzend braunen Augen" (S. 36, Z. 4), die „in beständiger Wachsamkeit herumhuschten" (S. 36, Z. 5), sein wacher Geist. Anders als bei den anderen Kunden bringt Trsnjek Freud großen Respekt entgegen, was sich auch in seinem Verhalten zeigt, wenn er versucht, sich „möglichst aufrecht und gerade zu halten" (S. 36, Z. 10 f.), schließlich ist Freud, anders als die meisten anderen Leute, die sich mit einem Titel schmücken, „ein richtiger Professor" (S. 36, Z. 25). Auch Freud zählt zur Stammkundschaft der Trafik, in der er stets Zigarren und die *Neue Freie Presse* kauft. Die Betonung der Leidenschaft für Zigarren weist ihn direkt bei seinem ersten Auftreten als Mensch des freiheitlichen Denkens aus. [1]

Freud als Kunde

Nachdem Freud das Geschäft verlassen hat, klärt Trsnjek Franz über die Identität des Zigarrenkäufers auf, woraufhin dieser „mit einem kleinen Erschrecken in der Stimme" (S. 38, Z. 12 f.) nachfragt: „[D]er Deppendoktor?" (S. 38,

Franz' erwachendes Interesse an Freud

---

[1] Vgl. hierzu die Erläuterungen zum Symbolgehalt der Zigarre, Abschnitt 6, S. 25 f.

Sigmund Freud – auch in der Realität ein Zigarrenliebhaber

Z. 12) Im abgeschiedenen Nußdorf am Attersee hat der Ruf Freuds „die meist eher dumpfen Fantasien der Einheimischen angeregt" (S. 38, Z. 17f.), sodass „[v]on allerhand unheimlichen Trieben [...], von ordinären Witzen, wölfisch heulenden Patientinnen und ausufernden Entblößungen in privater Sprechstunde" (S. 38, Z. 18ff.) geredet worden ist. Trsnjek klärt Franz nun darüber auf, dass Freud „den Leuten [angeblich] beibringen [kann], wie ein ordentliches Leben auszuschauen hat" (S. 38, Z. 26f.). Diese Aussage über Freuds Wirken weckt sofort Franz' Interesse, ist er doch gerade erst aus der Sicherheit der behüteten Kindheit in ein eigenständiges Leben aufgebrochen und sehnt sich nach Halt und Wegweisern in dieser unsicheren Phase seines Lebens. Während Franz durch die Scheibe beobachtet, wie Freud sich immer weiter von der Trafik entfernt, weist Trsnjek ihn darauf hin, dass der Professor „ein nicht unwesentliches Problem" (S. 39, Z. 26) hat, denn „[e]r ist ein Jud" (S. 39, Z. 28). Franz versteht nicht, weshalb dies ein Problem darstellen sollte, und Trsnjek führt weiter aus, dass sich dieses Problem noch zeigen werde, „[u]nd zwar sehr bald" (S. 40, Z. 2). An dieser Stelle wird noch einmal die kindlich-naive Unwissenheit mit dem aufgeklärten politischen Bewusstsein Trsnjeks kontrastiert, der auch in diesem Bereich als Lehrmeister Franz Huchels fungiert. Tatsächlich wird Freud im weiteren Romanverlauf aus Wien flüchten müssen, da auch er Opfer der Judenverfolgung wird. Diese Gefahr wird metaphorisch auch durch den Umstand unterstrichen, dass „[e]ine Windböe [...] [Freud] in die Haare [fährt] und [...] sie zu einem federleichten Ge-

Kindlich-naive Unwissenheit Franz' – politisches Bewusstsein Trsnjeks

bilde auf[bauscht], das für ein paar Sekunden über seinem Kopf wehte" (S. 40, Z. 23 ff.). Der Wind, der schon zu Beginn des Abschnitts thematisiert worden ist und für die drohende Nazifizierung steht, wirkt hier nun direkt auf Freud ein.

Wind als Symbol

Durch die Beobachtung bemerkt Franz, dass der Professor seinen Hut in der Trafik vergessen hat, was ihm die Möglichkeit bietet, mit dem berühmten Mann ein Gespräch zu beginnen. Er trägt ihm den Hut hinterher und bietet an, die Einkäufe für den ältlichen Mann zu tragen. Er begleitet ihn also auf seinem Heimweg und gibt sich Mühe, jedes Wort des Professors aufzunehmen, „[a]uf gar keinen Fall wollte er auch nur ein einziges Wort des berühmten Mannes überhör[en]" (S. 41, Z. 19 f.). Franz fühlt sich zunehmend sicherer und stellt Freud ganz unverblümt und selbstbewusst die Frage, die ihn in seiner Suche nach Orientierung am meisten interessiert: „Stimmt es, dass Sie den Leuten ihre Schädel wieder gerade richten können? Und ihnen hernach beibringen, wie ein ordentliches Leben ausschaut?" (S. 42, Z. 12 ff.) Interessanterweise gibt Freud dem jungen Franz eine ausführliche Antwort und lässt weitere Fragen zu, auch wenn er in dem Gespräch mit dem „ein wenig aufdringliche[n] Trafikantenbub" (S. 43, Z. 14) wiederholt seufzt (vgl. S. 43, Z. 22). Schließlich fragt er Franz, ob dieser „nichts Besseres zu tun [habe], als die angestaubten Schinken alter Herren zu lesen" (S. 43, Z. 25 f.). Auf die Ratlosigkeit seines Gesprächspartners hin macht er ihm den Vorschlag, der das Leben Franz Huchels grundlegend verändern wird: „Du bist jung. Geh an die frische Luft. Mach einen Ausflug. Amüsier dich. Such dir ein Mädchen." (S. 43, Z. 28 ff.) Der Psychoanalytiker Freud gibt ihm einen alltäglichen, lebensnahen Rat und ermutigt Franz so also ganz einfach zu einem altersgerechten Verhalten, was in diesem sofort große Regungen weckt: „Ein Zittern lief ihm durch den ganzen Körper. Ja, dachte er, ja, ja, ja! Und im nächsten Moment brach es aus ihm heraus: ,Ein Mädchen!'" (S. 44,

Freuds Rat, sich altersgerecht zu verhalten

Z. 1 ff.) Der Rat Freuds trifft genau die Bedürfnisse Franz Huchels, auch wenn er unsicher ist, wie er dieses Vorhaben
umsetzen könnte. Freud ermutigt ihn metaphorisch dazu,
trotz mangelnder Erfahrung den Kontakt zu einer Frau zu
suchen, denn „[m]an muss das Wasser nicht verstehen, um
kopfvoran hereinzuspringen" (S. 45, Z. 1 ff.). Für Franz ist
der Ratschlag Freuds wie eine Offenbarung und seine großen Emotionen finden Ausdruck in der wiederholten Inter-
jektion „Ach!" (S. 45, Z. 4). Vor dem Haus Freuds verabschiedet sich der Professor von Franz, der nun weiß, wo
dieser wohnt. Die Begegnung mit Sigmund Freud hat in
Franz tiefes Begehren geweckt, das die nächsten Monate
seines Lebens bestimmen soll und in der Begegnung mit
Anezka Höhen und vor allem Tiefen durchlaufen wird.

Fiktion vs.   Die Romanfigur Sigmund Freud lässt sich nicht losgelöst
Wirklichkeit von der historischen Person betrachten, da der Roman An-
spielungen auf die von Freud etablierte Psychoanalyse, die
Traumdeutung und das von ihm entwickelte Instanzenmodell enthält. Auch die Vorliebe für Zigarren verbindet den
historischen und den fiktiven Freud. Dennoch ist es wichtig, in diesem Zusammenhang eine klare Grenze zwischen
Fiktion und Wirklichkeit zu ziehen, da der Leser hier nicht
dem historischen Freud begegnet, sondern dem von Seethaler erschaffenen, fiktiven Professor. [1]

Abschnitt 10 (S. 45, Z. 27 – S. 46, Z. 22) – Postkarten von Mutter und Sohn

Auf einer Postkarte berichtet Franz seiner Mutter von der
Begegnung mit Sigmund Freud, die großen Eindruck bei
ihm hinterlassen hat. Er berichtet auch davon, dass Freud
Jude sei, worauf seine Mutter auf ihrer Karte antwortet,
dieser Umstand sei „vielleicht nicht angenehm, aber man

---

[1] Weitere Informationen zum Leben und Wirken Sigmund Freuds finden
sich in dem Kapitel „Sigmund Freud und die Psychoanalyse", S. 102 ff.

muss halt schauen" (S. 46, Z. 18 f.). Anders als Franz kann sie diese Information im Ansatz angemessen bewerten und ist sich anscheinend der prekären Situation der Juden in Österreich bewusst.

Die Karte der Mutter zeigt wieder ein Bild vom Attersee, der in diesem Fall „vom goldenen Morgenlicht übergossen" (S. 46, Z. 9) wird, eine verkitschte Darstellung von Franz' Heimat, die genauso wenig Aussagekraft hat wie der von der Mutter verfasste Text, der vordergründig eher belanglos klingt, jedoch auch als Ausdruck der Passivität gegenüber der politischen Situation gedeutet werden kann.

Abschnitt 11 (S. 46, Z. 23 – S. 52, Z. 22) – Kennenlernen Anezkas

Der Rat, den Freud ihm gegeben hat, lässt Franz keine Ruhe und durch dessen Aussage *„Bislang haben das doch die meisten geschafft"* (S. 46, Z. 25) schöpft Franz den Mut, sich aktiv auf die Suche nach einem Mädchen zu machen. Dieser Schritt bedeutet für ihn beinahe etwas Schicksalhaftes und so macht er sich bereits am nächsten Samstag nach einer sorgfältigen Vorbereitung, die er geradezu zelebriert, auf den Weg zum Wiener Prater, einem bekannten Vergnügungspark.

Aufbruch zum Prater

Für den Jungen vom Dorf sind die Wahrnehmungen des Praters überwältigend, insbesondere das Riesenrad beeindruckt ihn sehr, und so stürzt er sich frohen Mutes ins Abenteuer. Es wird jedoch schnell deutlich, dass Franz Huchel doch recht unbeholfen ist und nicht so recht weiß, wie er sein Vorhaben in die Tat umsetzen soll, und so kann der Irrgarten, aus dem er ohne die Hilfe eines Mannes keinen Ausweg gefunden hätte (vgl. S. 48, Z. 5 ff.), als Sinnbild für seine Situation gesehen werden. Dennoch bewegt er sich weiter in der Menge, besucht verschiedene Attraktionen und nimmt die Menschen um sich herum wahr. „Diese ganze Fröhlichkeit [der anderen] legte sich Franz ein bisschen

Franz im Zustand zwischen Kind und Mann

bitter aufs Gemüt" (S. 48, Z. 22 f.), denn anders als die anderen Besucher ist er allein ohne Gesellschaft. Als er schließlich mit der Märchengrottenbahn fährt, übermannt ihn das Heimweh und er bricht in Gedanken an seine Heimat und seine Mutter in Tränen aus (vgl. S. 49, Z. 24 ff.). Franz Huchels Fahrt in dem Kinderkarussell, dem er eigentlich schon entwachsen ist – er zwängt „sich als einziger Erwachsener in eines der hellblauen Wägelchen (S. 49, Z. 11 f.) –, veranschaulicht seine persönliche Situation: Er befindet sich in der Phase zwischen Kind und Mann und hat seinen Platz im Leben noch nicht gefunden. Franz Huchel befindet sich in einer sensiblen Phase der Adoleszenz und ist daher besonders emotional und verletzlich.

Wirkung Anezkas Nach dieser Fahrt beschließt er, sein restliches Geld in Bier zu investieren, um seinen Kummer im Alkohol zu ertränken, doch dann „wurde er von einer ganz anderen, weitaus größeren, heißeren und wilderen Welle erfasst, umspült und durchgeschüttelt" (S. 50, Z. 25 ff.). Die Häufung der At-

Das Riesenrad im Prater

tribute und Partizipien in diesem Satz, die zudem steigernd angeordnet sind (Klimax), und die Beschreibung der metaphorischen Welle, die ihn ergreift, veranschaulichen Franz' große Gefühlsregung, die er bei dem ersten Anblick von Anezka verspürt, eine Liebe auf den ersten Blick, wobei dieses Mädchen für ihn „das schönste Gesicht [hat], das [er] […] je in seinem Leben gesehen hatte" (S. 51, Z. 1 ff.). Schon vor dem ersten Kontakt ist er der jungen Frau verfallen, die auf einer Schaukel durch die Lüfte fliegt, ein Hinweis auf Leichtigkeit und Abenteuerlust – Eigenschaften, die sich später deutlich in ihrem Verhalten zeigen werden.

Nachdem er Anezka einige Zeit beobachtet hat, „stellte [er] sich ihr mit einiger Entschlossenheit in den Weg" (S. 51, Z. 26 f.) und spricht sie an. Mit seinem ersten Satz – „Guten Tag, ich heiße Franz Huchel, komme ursprünglich aus dem Salzkammergut und möchte mit Ihnen Riesenrad fahren!" (S. 51, Z. 30 – S. 52, Z. 2) – wirkt er auf Anezkas Freundinnen wie eine Witzfigur. Seine unbeholfene Art weist auf seine Unerfahrenheit hin, was auf die jungen Frauen belustigend wirkt, weshalb sie „ihn eine Weile wie eine Zoobesucherin ein vom Aussterben bedrohtes Tier" (S. 52, S. 4 ff.) anstarren. Anezka und ihre Freundinnen sind also offensichtlich erfahrener und sehen in dem jungen Franz eine Art Außenseiter, dennoch fällt Anezkas Antwort positiv aus und sie antwortet forsch: „Riesenrad nicht, aber schießen möcht ich, bitteschön!" (S. 52, Z. 9 f.) Franz ist fasziniert von ihrem böhmischen Akzent und nimmt mit Freude wahr, dass sich die beiden Freundinnen sofort zurückziehen, „nur um sich gleich darauf an die breiten, mit beeindruckenden Reihen bunter Orden dekorierten Schultern zweier ziemlich bierseliger Bundesheeresoffiziere zu hängen" (S. 52, Z. 19 ff.). Franz kann das Verhalten der jungen Frauen nicht richtig einordnen und erkennt nicht, dass das Mädchen, das er soeben kennengelernt hat, nur auf ein Abenteuer aus ist.

Ansprechen Anezkas

Unerfahrenheit Franz'

Abschnitt 12 (S. 52, Z. 23 – S. 58, Z. 24) – Franz und Anezka: ein ungleiches Paar

Erwachende Sexualität

Franz und Anezka gehen gemeinsam zum Schießstand, wobei Anezka eine große Faszination auf den unbedarften Franz ausübt, der jede ihrer Bewegungen verfolgt und ihr Gesicht bis ins kleinste Detail studiert (vgl. S. 53, Z. 3 ff.). Es ist unverkennbar, dass Franz in die junge Böhmin verliebt ist. Sein Verlangen nach ihr steigert sich stetig und er „wäre gern in diesen Blick, in diese Augen eingetaucht, ein Kopfsprung mitten hinein in die Glückseligkeit" (S. 53, Z. 10 ff.). Dieses metaphorisch formulierte Verlangen weckt in ihm ein Kindheitserlebnis: Beim Haus der Mutter stand eine Regentonne, die ihn stets gereizt hat. Eines Tages hat er die Neugier nicht mehr aushalten können und hat den Kopf in diese eingetaucht und mit den Händen das Fass erkundet, was er als „grauslig" (S. 53, Z. 27) und „schön" (S. 53, Z. 28) zugleich empfunden hat. Ähnlich geht es ihm nun mit seiner erwachenden Sexualität und der damit verbundenen Neugier. Sie ist für ihn noch etwas Unbekanntes, nach dem er sich sehnt, was aber gleichzeitig auch noch mit Unsicherheit verbunden ist.

Dominanz Anezkas

Anezkas Verhalten am Schießstand zeigt sie eindeutig als dominante Figur in der Begegnung. Während Franz in seiner Faszination und Erregung kaum einen klaren Gedanken fassen kann, erzielt sie gleich mehrere Treffer und fordert Franz keck auf, sein Glück nun auch zu versuchen. „Er gehorchte" (S. 55, Z. 10), schießt aber daneben und wird sowohl von dem Mädchen als auch von dem Budenbetreiber ausgelacht. Anezka gibt in dieser Konstellation also eindeutig den Ton an, wohingegen Franz unsicher und unbeholfen wirkt. Zudem macht die junge Frau kein Geheimnis aus ihren Absichten und sendet Franz eindeutige Signale, die darauf hindeuten, dass sie ein sexuelles Abenteuer sucht (vgl. S. 55, Z. 27).

Nachdem sie in einem Gasthaus gegessen und getrunken haben, bestimmt Anezka mit einem Kuss auf die Stirn, dass nun getanzt werde. Ein weiteres Mal wird deutlich, dass sie weiß, was sie will, und so übernimmt sie die Führung des unerfahrenen Franz. Durch das personale Erzählverhalten erfährt der Leser, dass Franz früher nicht tanzen konnte und mochte (vgl. S. 56, Z. 23 f.), nun aber genießt er den Tanz und die damit einhergehende Erregung. Diese Verhaltensänderung ist Ausdruck seiner erwachenden Libido und der Tanz wird für ihn zu einem lustvollen Erlebnis, das darin gipfelt, dass „er schließlich in einem Augenblick seliger Geistlosigkeit losließ und sich in den Armen dieser runden, böhmischen Königin fallen, treiben, wiegen und schaukeln ließ" (S. 57, Z. 5 ff.). Er ist der erfahrenen Anezka geradezu verfallen, da dies für ihn das erste Erlebnis dieser Art ist.

Tanz als erotisches Erlebnis

Schließlich will die Böhmin einen Schritt weitergehen und macht Franz indirekt ein eindeutiges Angebot, indem sie ihm ins Ohr flüstert: „Haben wir gesoffen, haben wir getanzt – und was machen jetzt?" (S. 57, 25 f.) Franz kann dieses Angebot jedoch nicht deuten, er ist zu unerfahren im Umgang mit Frauen und ist solch eine sexuelle Offenheit nicht gewohnt, was auch in seiner Herkunft begründet liegt. Naiv antwortet er, er habe noch etwas Geld zur Verfügung, wovon sie noch „entweder vier Krügel Bier, ein paar Runden auf dem Schießstand oder eine Doppelrunde im Riesenrad" (S. 57, Z. 30 – S. 58, Z. 2) bezahlen könnten. Die Unterschiede im Bereich der Erfahrung und der Kontrast der beiden Figuren werden durch die verwendete Sprache unterstrichen. Während Anezkas Sprache derb, unverblümt und grammatikalisch inkorrekt ist, wirkt Franz' Aussage in dieser Situation etwas steif durch die sprachliche Wohlgeformtheit. Seine Unsicherheit wird zudem durch die Brüchigkeit der Stimmfarbe hervorgehoben.

Kontrast der Figuren

Degradierung
zum „Burschi"

Anezka ist von der Antwort verblüfft, „ungläubiges Erstaunen lag in ihrem Blick" (S. 58, Z. 4), und schließlich lacht sie den unbeholfenen Franz aus, da ihr bewusst wird, dass er für ihre Zwecke – ein unverbindliches Abenteuer – nicht zu gebrauchen ist. Nach einer Umarmung und einem Kuss auf die Wange verabschiedet sie sich mit den Worten „Gleich wieder da, Burschi!" (S. 58, Z. 16). Franz kann auch dieses Verhalten nicht richtig deuten und bestellt für sie weitere Getränke. Enttäuscht wird er später feststellen müssen, dass Anezka nicht zurückkommt. In der Verabschiedung wird deutlich, dass Anezka und Franz sich auf verschiedenen Ebenen befinden. Die Bezeichnung „Burschi" drückt aus, dass die junge Frau den unerfahrenen Franz nicht ernst nimmt und in ihm eher einen Jungen sieht als einen ebenbürtigen Mann. Auch im weiteren Verlauf des Romans findet diese Bezeichnung Verwendung und die Bekanntschaft mit Anezka wird Franz neben der Euphorie der ersten sexuellen Erfahrung großen Kummer bereiten.

Abschnitt 13 (S. 58, Z. 25 – S. 60, Z. 4) – Erste Enttäuschung

Enttäuschung
Franz'

Erst nach einer halben Stunde wird Franz klar, dass Anezka nicht wiederkommen wird. Zuvor hat er sogar in der Damentoilette nach ihr gesucht, da er in seiner naiven Wahrnehmung nicht damit gerechnet hat, dass die junge Frau ohne ihn gehen könnte. Nach dieser Erkenntnis betrinkt er sich; das Verschwinden Anezkas hat ihn schwer getroffen und so geht er „mit hängendem Kopf, die Hände tief in den Hosentaschen vergraben" (S. 59, Z.13) zum Riesenrad, das er eigentlich gemeinsam mit Anezka erleben wollte. Von seinem letzten Geld kauft „er eine Karte und bestieg als einziger Fahrgast den letzten Waggon der letzten Umdrehung dieses Abends" (S. 59, Z. 17 ff.). Das Riesenrad, das ihn bei seiner Ankunft im Prater so begeistert hat, wird somit zum Symbol des Scheiterns seines Vorhabens.

Abschnitt 14 (S. 60, Z. 5 – S. 64, Z. 8) – Beginn der Anfeindungen

Nach seinem Misserfolg auf dem Prater erwacht Franz wegen eines Tumults vor der Trafik. Ihm bleibt keine Zeit, um über sein Scheitern nachzudenken, auch wenn die Nachwirkungen des vergangenen Abends auch körperlich zu spüren sind. Als er nach draußen kommt, sieht er, dass sich eine Menschenmenge vor der Trafik gebildet hat, während sich Trsnjek und der Fleischermeister Roßhuber, der seinen Laden in dem benachbarten Haus führt, als Kontrahenten gegenüberstehen. Der sonst so weitsichtige und vernünftige Trafikbesitzer ist außer sich vor Wut, was nicht weiter verwunderlich ist, da die Ladenfront mit Blut beschmiert worden ist. „SCHLEICH DICH JUDENFREUND!" (S. 61, Z. 5) ist in großen Lettern zu lesen und Trsnjek ist sich sicher, dass diese Anfeindung von dem Fleischermeister geschrieben worden ist. Roßhuber reagiert auf diese Beschuldigung mit einer weiteren Provokation, indem er ruhig zu verstehen gibt, dass „dies erst zu beweisen wäre [...] Außerdem ist das Blut nicht von einer Sau, sondern von einem Hendl. Das sieht ja wohl jeder!" (S. 61, Z. 23 ff.). Trsnjeks Wut steigert sich dadurch nur noch weiter und er spricht deutlich aus, dass der Fleischer „schon sein halbes Leben das Hakenkreuz hinterm Revers" (S. 62, Z. 1) getragen habe und nun endlich die Möglichkeit sehe, diese politische Einstellung öffentlich zu zeigen. Er bezeichnet aber nicht nur Roßhuber als Nazi, er wendet sich auch an die schaulustige Menge und macht deutlich, dass dieser Vorfall nur der Anfang von viel schwerwiegenderen Vergehen sei. Heute sei es nur die Schmiererei an der Trafik, aber „[w]as oder wer kommt als Nächstes dran" (S. 62, Z. 30). Trsnjek erkennt die Gefahr und ist sich im Klaren darüber, dass weitaus Schlimmeres passieren wird und auch Menschen zu Schaden kommen werden. Als sich niemand auf seine Frage hin äußert, übt er auch Kritik an der Menge der Zu-

Anfeindungen gegen Trsnjek

Trsnjek warnt vor Mitläufertum

schauer, da sie nichts tun und nur zusehen. Er verurteilt dieses Verhalten und distanziert sich metaphorisch von den politischen Tendenzen und dem Mitläufertum: „Mein Schädel geht noch so, wie er selber will. Ich tanz nicht mit auf eurer Veranstaltung." (S. 63, Z. 11 ff.) Trsnjek wird sich nicht aus Angst vor möglichen Konsequenzen den Nationalsozialisten anschließen und den vermeintlich einfacheren Weg gehen. Er macht deutlich, dass er entschlossen ist, Widerstand zu leisten, er „schweige nicht, und an [s]einen Händen klebt kein Blut, sondern allerhöchstens Druckerschwärze!" (S. 63, Z. 17 f.). Nach seinem Ausbruch, der den Trafikanten sichtlich Kraft gekostet hat, richtet er das Wort noch einmal an Roßhuber und gibt ihm zu verstehen, dass er seine Anfeindungen nicht dulden wird, bevor er in der Trafik verschwindet.

Auftakt der NS-Handlung

Dieser Abschnitt bildet den Auftakt des Handlungsstrangs, der die Schrecken des nationalsozialistischen Regimes

Antisemitische Schmiererei an einem Textilgeschäft Anfang Oktober 1938

schildert, die großen Einfluss auf die beiden Männer haben werden, die Franz in seinem Reifeprozess am meisten prägen: Sowohl Trsnjek als auch Freud fallen im weiteren Handlungsverlauf dem Nationalsozialismus zum Opfer; der eine leistet Widerstand bis in den Tod, während der andere ins Exil flüchten muss. Diese Erlebnisse prägen Franz nachhaltig und führen dazu, dass er selbst offenen Widerstand leistet. Auch wenn schon in den vorangegangenen Abschnitten immer wieder Andeutungen auf die sich zuspitzende politische Situation gemacht worden sind, so wird die Bedrohung hier zum ersten Mal auch für Franz greifbar und dem Leser wird bewusst, dass Trsnjek mit großer Wahrscheinlichkeit früher oder später für seinen Widerstand bezahlen muss.

Abschnitt 15 (S. 64, Z. 9 – S. 66, Z. 3) – Liebeskummer

In den nächsten Wochen erlebt Franz den ersten Liebeskummer seines Lebens. Er muss immerzu an Anezka denken, fährt immer wieder in den Prater in der Hoffnung, sie dort zu treffen, und kann nachts nicht schlafen. Wenn er schläft, „stürzten sofort wilde Träume auf ihn ein" (S. 65, Z. 2), in denen sich alle Erlebnisse der letzten Zeit vermischen. Neben Anezka spielen auch die Anfeindungen gegen Trsnjek eine Rolle, auch Freud und Frau Huchel tauchen auf, sodass in dem geschilderten Traum alle wichtigen Ereignisse und Figuren gespiegelt werden. Im weiteren Verlauf werden Franz Huchels Träume an Bedeutsamkeit gewinnen, wenn er mit Freud über deren Bedeutung spricht und sie später als Mahnmal in die Schaufenster der Trafik hängt. In Nächten, in denen er keinen Schlaf findet, begibt Franz sich auf nächtliche Spaziergänge, auf denen er überall Anezka zu sehen scheint. Das Kennenlernen der Böhmin hat ihn also so stark beeinflusst, dass er sich ihrem Bann nicht entziehen kann.

Abschnitt 16 (S. 66, Z. 4 – S. 67, Z. 3) – Postkarten

Unterstützung
der Mutter
Franz schildert seiner Mutter seinen Zustand der Verwirrung, ohne dabei die konkreten Erlebnisse zu benennen,
die diese ausgelöst haben. Ihm sei, als entferne man sich
von Geburt an immer „weiter von sich selbst, bis man sich
irgendwann gar nicht mehr auskennt" (S. 66, Z. 6 f.). Franz'
Mutter zeigt sich in ihrer Antwort als feinfühlige Frau, die
ihren Sohn liebevoll in seinem Reifeprozess begleitet. Aufmerksam nimmt sie wahr, dass der Zustand ihres Sohnes
wohl auf ein Verliebtsein zurückzuführen ist. Sie zeigt sich
als verständnisvolle und liebevolle Mutter und gibt auch
preis, dass sie ihren Sohn vermisst (vgl. S. 66, Z. 22 f.). Der
schriftliche Austausch mit der Mutter dient Franz also auch
zur Reflexion und Unterstützung.

Abschnitt 17 (S. 67, Z. 4 – S. 69, Z. 18) – Gespräch über das Verliebtsein zwischen Franz und Trsnjek

Als Franz' Zustand sich nach zwei Monaten noch immer
nicht gebessert hat, fragt Trsnjek seinen Lehrling, was ihn
bedrücke. Dieser spricht seinen Zustand nun zum ersten
Mal einem anderen Menschen gegenüber offen aus mit
den klaren Worten: „Ich habe mich verliebt!" (S. 68, Z. 6 f.)
Es wird deutlich, dass Franz sich Rat von seinem Lehrmeister erhofft, der in anderen Bereichen so weitsichtig und
kompetent ist. Der einzige Rat, den dieser ihm geben kann,
ist aber der, sich im Schwimmbad durch körperliche Anstrengung abzulenken (vgl. S. 68, Z. 15 ff.). Es wird ersichtlich, dass Trsnjek in dem Bereich der Liebe genauso unbeholfen ist wie Franz selbst, und er ihm daher keinen sinn-
vollen Rat geben kann. Franz, der seit seiner Ankunft stets
zu Trsnjek aufgeblickt hat und jeden seiner Ratschläge
Enttäuschung
Franz'
versucht hat, umzusetzen, ist von dieser Erkenntnis enttäuscht und bemerkt zum ersten Mal, „wie klein der Trafikant war" (S. 68, Z. 19). Er erkennt dessen Unzulänglich-
keit in diesem Bereich und Trsnjek selbst gibt zu, nichts

von der Liebe zu verstehen, denn „[m]it dem Bein ist auch [s]eine Jugend im Schützengraben liegen geblieben" (S. 69, Z. 3 f.). Es wird deutlich, dass der zurückliegende Krieg ihn nicht nur körperlich gezeichnet hat, sondern auch eine große emotionale Belastung darstellt, die ihn in seinem Leben nachhaltig geprägt hat. Da er sich seiner eigenen Defizite in diesem Bereich bewusst ist und sie schon lange akzeptiert, gibt er Franz den Rat, sich einen anderen Gesprächspartner für dieses Thema zu suchen, ihm selbst könne „die Liebe nichts mehr tun. In der Beziehung habe ich meine Ruhe, und wenn ich mich aufregen will, lese ich Zeitung" (S. 69, Z. 7 ff.). Am Beispiel Trsnjeks werden dem Leser hier die lebenslangen Nachwirkungen des Krieges vor Augen geführt, wie sie wohl einige Kriegsveteranen erfahren haben.

Lebenslange Nachwirkungen des Krieges

Abschnitt 18 (S. 69, Z. 19 – S. 71, Z. 24) – Franz sucht Freud auf

Durch einen Wechsel im Erzählverhalten wird dem Leser ein Einblick in das Leben Freuds gewährt. Der ältliche Professor genießt das Essen, das seine Tochter Anna für ihn gekocht hat, und insgesamt wirkt die geschilderte Atmosphäre in der Wohnung Freuds heimelig und harmonisch. Der alte Mann blickt voller Stolz auf seine Tochter, die er als „einzig legitime[n] Nachfolgerin […] [und] Trägerin seines Werkes" (S. 70, Z. 5 f.) sieht; zudem bewundert er ihre Kochkünste, offensichtlich führen die beiden eine liebevolle Vater-Tochter-Beziehung. An dieser Stelle sei darauf hingewiesen, dass Seethaler hier ein positives Familienbild zeichnet, das nicht als Abbild der realen Familienstrukturen Freuds gewertet werden darf. Tatsächlich gilt Anna Freud, die jüngste von sechs Geschwistern, als Nachfolgerin ihres Vaters im Bereich der Psychoanalyse. Das harmonische Bild eines Familienidylls weicht jedoch von der realen Familiensituation ab, da Freud als Vater eher als unnah-

Perspektivwechsel

Unterschied zwischen realen und fiktiven Familienbildern Freuds

bar galt.[1] Durch diese Änderung zeichnet Seethaler eine sympathische Figur, die Franz Huchel großväterlich mit Rat zur Seite steht und sich häufig verständnisvoll zeigt.

Freud und seine Tochter Anna

Reaktion auf Franz' Erscheinen

Nach einer Schilderung der familiären Situation erfährt der Leser durch ein Gespräch zwischen Freud und seiner Tochter, dass Franz bereits seit etwa drei Stunden in der Kälte vor dem Haus ausharrt. Der Professor scheint Franz dabei als etwas lästig anzusehen, dennoch erhebt er sich „mit einem Seufzer, der das Leid des ganzen Menschengeschlechts in sich zu bergen schien" (S. 71, Z. 21 ff.), und mit den Worten „Ich rauche heute draußen!" (S. 71, 23 f.), was seine Bereitschaft zeigt, sich des jungen Mannes anzunehmen. Franz hat offensichtlich den Rat Trsnjeks befolgt und hofft, in Freud einen passenden Gesprächspartner zu finden, der ihn in seinem Liebeskummer zur Seite stehen kann, schließlich war es auch Freud, der das Begehren vor

---

[1] Weitere Informationen zum Leben und Wirken Sigmund Freuds finden sich in dem Kapitel „Sigmund Freud und die Psychoanalyse", S. 102 ff..

einigen Wochen in Franz geweckt hat, indem er ihm bei ihrer ersten Begegnung den Rat gegeben hat, sich eine Frau
zu suchen.

Abschnitt 19 (S. 71, Z. 25 – S. 79, Z. 29) – Freuds Rat

Als Freud sich zu Franz auf die Bank setzt, bietet dieser dem
Zigarrenliebhaber eine besondere Zigarre an, die er extra
für ihn aus der Trafik mitgebracht hat. Franz hat sich auf
das Treffen gut vorbereitet, er will die Zigarre als Bestechungsmittel nutzen, um so von Freuds Wissen profitieren
zu können. Er erhofft sich einen Rat von dem Professor, der
ihm die Richtung weist, da er selbst nicht weiß, wie er mit
der Situation umgehen soll. Sein Plan scheint aufzugehen,
denn Freud fragt ihn direkt und unverblümt, was er von
ihm wolle (vgl. S. 71, Z. 7), woraufhin Franz ihm mitteilt,
dass er sich verliebt habe. Anders als Trsnjek reagiert Freud
auf diese Aussage positiv und gratuliert dem jungen Franz
zu dieser Entwicklung. Franz führt daraufhin jedoch weiter
aus, dass er unglücklich verliebt sei, und gibt Freud die
Schuld an diesem Zustand, schließlich habe er ihm „doch
empfohlen, [s]ich zu amüsieren und [sich] ein Mädchen zu
suchen!" (S. 74, Z. 8 f.). Er öffnet sich dem Professor und
bringt seine Überforderung zum Ausdruck: „Vor Kurzem bin
ich noch am Ufer gesessen und habe den Enten zugesehen.
Und kaum bin ich in der Stadt, geht alles drunter und drüber." (S. 74, Z. 19 ff.) Seit dem Verlassen seiner Heimat ist
Franz mit zahlreichen neuen Situationen konfrontiert worden, dabei stellt nicht nur die Verzweiflung über die unglückliche Liebe eine Verwirrung für ihn dar, auch die politischen Entwicklungen und die damit verbundenen Erlebnisse machen ihm zu schaffen. All dies schildert er Freud
und endet seinen Ausbruch mit den Worten: „Und jetzt frage ich Sie: Bin ich verrückt geworden? Oder ist die ganze
Welt verrückt geworden?" (S. 74, Z. 30 – S. 75, Z. 2) Franz
hofft, bei dem erfahrenen Professor Orientierung und Rat

Franz' emotionaler Zustand

zu finden, muss im Laufe des Gesprächs jedoch feststellen, dass Freud diese nur bedingt geben kann.

Handlungs-anweisungen Letztendlich gibt Freud Franz im Laufe des Gesprächs aber doch drei klare Ratschläge, drei Rezepte, wie er sie nennt, die dem verwirrten Franz deutliche Handlungen vorgeben: Er soll aufhören, über die Liebe nachzudenken, außerdem soll er sofort nach dem Aufwachen seine Träume aufschreiben. Um seinen Liebeskummer zu bekämpfen, erteilt er ihm einen Rat, der Franz sicher nicht zufriedenstellen kann: „Hol dir das Mädchen wieder – oder vergiss sie!" (S. 78, Z. 28) Da Franz noch nicht einmal den Namen der Böhmin weiß, wird er sie nicht aktiv aufsuchen und für sich gewinnen können, sein Liebeskummer wird ihn also weiterhin begleiten. Das Gespräch zwischen Freud und Franz wird beendet, nachdem die Tochter dem Vater aus dem Fenster signalisiert hat, wieder ins Haus zu kommen, da es draußen zu kalt sei. Es ist jedoch klar, dass dies nicht das letzte Treffen der beiden Männer gewesen ist, denn Freud fordert Franz auf, seine Ratschläge zu befolgen, dann würden sie weitersehen (vgl. S. 22 f.).

Abschnitt 20 (S. 80, Z. 1 – S. 82, Z. 9) – Einsames Weihnachtsfest

Die Weihnachtstage verbringt Franz allein. Die Trafik ist geschlossen und Trsnjek besucht eine Großcousine, sodass der Junge die meiste Zeit zurückgezogen in seinem Bett verbringt, wo er eine Erkältung auskuriert, die ihn wohl wegen des langen Wartens in der Kälte vor Freuds Haus befallen hat. Er denkt noch immer viel an Anezka und bereitet sich innerlich auf „die anstehende Rückeroberung" (S. 80, Z. 8) der Böhmin vor.

Mutter-Sohn-Verhältnis An Heilig Abend verschlingt er das Gebäck, das seine Mutter ihm geschickt hat, und wird bei der Betrachtung ihres Fotos wehmütig, da ihn abermals die Sehnsucht nach ihr überkommt. Auch Frau Huchel scheint die Nähe des Soh-

nes zu vermissen, denn in den an Franz gerichteten Zeilen
bittet sie ihn darum, sie zukünftig auf den Postkarten „Mama" (S. 81, Z. 24) zu nennen anstelle von Mutter. Die Verwendung der vertraulichen Anrede beinhaltet wenigstens
einen Teil der Vertrautheit und Geborgenheit, die sowohl
Mutter als auch Sohn durch die räumliche Trennung vermissen. Zudem erkundigt sie sich nach dem Befinden des
Sohnes, indem sie fragt, ob er noch verliebt sei. Sofort be-
schriftet Franz „eine besonders beeindruckende Karte"
(S. 81, Z. 25) und kommt dem Wunsch der Mutter nach, indem er seine Mitteilung mit „Liebe Mama" (S. 82, Z. 1) beginnt und ihr mitteilt, dass er noch immer verliebt sei. Ein
weiteres Mal zeigt sich also ein liebevolles Verhältnis zwischen Mutter und Sohn, das trotz der Distanz von hohem
Wert für beide ist.

Abschnitt 21 (S. 82, Z. 10 – S. 87, Z. 8) – Aktive Suche nach Anezka

Passend zum Silvesterabend ist Franz wieder gesund und
geht unter Menschen. Den Silvesterabend verbringt er auf
einer Tanzveranstaltung und es wird deutlich, dass er nach
der Zeit der Zurückgezogenheit nun wieder aktiv agiert.
Dementsprechend bricht er am Neujahresmorgen zum
Prater auf, wo er zielstrebig das Schweizerhaus betritt, das
Wirtshaus, in dem er einst mit Anezka getanzt hat. Dort be-
fragt er einen Kellner und steckt ihm mehrmals Geld zu, um
mehr über die Böhmin zu erfahren. Sein Vorhaben scheint
erfolgreich zu sein, denn der Mann kann sich tatsächlich an
Anezka erinnern, jedoch liefert er Franz nicht sofort die er-
sehnten Informationen, sondern versucht zunächst, den
jungen Mann von seinem Vorhaben abzubringen. Er fragt,
warum es denn gerade dieses Mädchen sein müsse,
„schließlich gäbe es im Prater noch ganz andere Möglichkeiten" (S. 85, Z. 1 f.) und „billig bleibe halt billig" (S. 85,
Z. 7 f.). Franz erkennt den gut gemeinten Rat des Mannes

Erster Hinweis
auf Anezkas
Aufenthaltsort

nicht, da er die Wahrheit über Anezka noch immer nicht versteht. Stattdessen packt ihn die Wut und er schlägt auf den Kellner ein. Dieser kann sich Franz schnell widersetzen und ringt ihn zu Boden, ohne dem jungen Mann sein Fehlverhalten übelzunehmen. Er hat die Situation richtig erfasst und erkennt, dass Franz Huchel von blinder Liebe getrieben wird. Auch sein „väterlich streng[er]" (S. 85, Z. 29) Blick veranschaulicht, dass der Kellner es gut mit Franz meint und ihn eigentlich vor einer Dummheit bewahren will. Da Franz aber weiter insistiert, gibt er ihm schließlich doch den entscheidenden Hinweis, der Franz zu Anezka führen wird: „im zweiten Bezirk […] das gelbe Haus in der Rotensterngasse. Immer den Ratten folgen, links ein Schutthaufen, rechts ein Schutthaufen" (S. 86, Z. 13 ff.). Auch die in dieser Beschreibung enthaltene Warnung ignoriert Franz und so verabschiedet er sich beschwingt und glücklich, da er nun weiß, wo er Anezka finden kann. Die Naivität des jungen Franz Huchels verhindert, dass er die Warnungen des Kellners ernst nehmen kann, ebenso wie er zuvor das Verhalten der von ihm idealisierten Böhmin und ihrer Freundinnen nicht deuten konnte.[1] Ein unglücklicher Ausgang dieser Paarung dürfte damit unumgänglich sein.

Abschnitt 22 (S. 87, Z. 9 – S. 91, Z. 25) – Wiedersehen mit Anezka

Das Haus in der Rotensterngasse

Franz sucht die Adresse auf, die er von dem Kellner erhalten hat, und es wird deutlich, dass dieser in seiner negativen Beschreibung des gelben Hauses in der Rotensterngasse (vgl. S. 87, Z. 9) nicht übertrieben hat: Das Haus befindet sich in einer heruntergekommenen Gegend und ist insgesamt in einem desolaten Zustand, überall sind Dreck und ein beißender Gestank. Franz lässt sich von diesen Um-

---

[1] Vgl. hierzu Abschnitte 11 und 12, S. 33 ff.

ständen nicht beirren und klopft schließlich an eine Tür, hinter der „sich etwa dreißig Frauen im Raum" (S. 88, Z. 29 f.) befinden. Unbeholfen richtet er zaghaft das Wort an die Frauen und fragt: „Entschuldigung […], wohnt hier vielleicht eine junge Frau, eine Böhmin?" (S. 89, Z. 10 f.) Damit macht er sich sogleich zum Gespött der Frauen. Der behütete und wohlerzogene Franz Huchel wirkt in dieser Umgebung fehl am Platz, nimmt dies selbst aber nicht wahr. Eine Stimme erlöst ihn aus seiner Unsicherheit und er weiß sofort, es ist Anezka, die selbstbewusst und unverblümt ruft: „Ah, der Burschi mit dem scheenen Popscherl!" (S. 89, Z. 16)

Beseelt führt Franz Anezka nach draußen, da sie ihm sofort Handlungsanweisungen gibt, indem sie ihm sagt: „[D]arfst mir bezahlen ein Essen und ein Glaserl Wein, Burschi!" (S. 89, Z. 24 f.) Auf ihrem Spaziergang erfährt Franz nun endlich den Namen der Böhmin und einige weitere spärliche Informationen: Anezka ist drei Jahre älter als er, stammt aus einem kleinen Dorf namens Dobrovice und sie arbeitet gelegentlich „als Kindermädchen, Köchin oder Haushaltshilfe, und zwar ohne behördliche Genehmigung" (S. 90, Z. 5 ff.). Die Unterschiede in den beiden Persönlichkeiten treten hier deutlich zum Vorschein: Anezka bildet in ihrer unbefangenen und leichtsinnigen Art einen Kontrast zu Franz Huchel, der nach Orientierung und Halt strebt und stets darauf bedacht ist, Aufgaben gewissenhaft zu erfüllen.

Unterschiedliche Charaktereigenschaften

Während Aneszka also nur wenig von sich erzählt, ist Franz' Redefluss kaum zu stoppen. „Die Worte sprudelten nur so aus ihm heraus" (S. 91, Z. 1) und er berichtet ihr von seiner Heimat und anderen Dingen, was den Eindruck erweckt, er wolle sein Leben mit ihr teilen.

Schließlich gibt Anezka vor einem Wirtshaus die Anweisung „Jetzt essen!" (S. 91, Z. 9), woraufhin Franz die ausgehungerte junge Frau zu einem ausgiebigen teuren Mahl

Initiative Anezkas leitet erste Erfahrungen ein

einlädt, das diese sehr zu genießen scheint. Nach dem Essen ergreift sie dann ein weiteres Mal die Initiative und formuliert erneut eine unmissverständliche Forderung: „Und jetzt will ich dich, Burschi!" (S. 91, Z. 25) Anezka ist in dieser Begegnung eindeutig die dominante Figur; sie weiß genau, was sie will, und fordert dies auch unmissverständlich ein. Das Treffen hat nichts von einem zarten ersten Verliebtsein, sondern wird von Anezkas dynamischen und unverblümten Forderungen geprägt, welche Franz befolgt. Dabei nennt sie ihn weiterhin „Burschi", was das Gefälle in der Beziehung verdeutlicht: Anezka und Franz sind nicht ebenbürtig, die junge Böhmin nutzt ihn vielmehr für ihre Zwecke, während Franz ihr blind vor Liebe folgt.

Abschnitt 23 (S. 91, Z. 26 – S. 94, Z. 11) – Erste sexuelle Erfahrungen

Triebbe-friedigung

Franz führt Anezka in die Trafik, wo sie erneut sofort die Initiative ergreift und ohne Umschweife stürmisch nach Befriedigung ihrer körperlichen Lust strebt. Franz, für den dies die ersten sexuellen Erfahrungen sind, wirkt beinahe überrumpelt von dieser schnellen Entwicklung, denn „[i]rgendwas wollte er fragen, etwas ungeheuer Dringliches, etwas unerhört Wichtiges" (S. 92, Z. 9 f.), doch Anezka geht es um eine rein körperliche Befriedigung, sodass Franz von „Wonneschauer[n]" (S. 92, Z. 18) gepackt „für einen seligen Moment das Gefühl [hat], die Dinge der Welt in ihrer unermesslichen Schönheit begreifen zu können" (S. 92, Z. 27 f.).

Anezkas Desinteresse

Für eine kurze Zeit treten alle Gedanken in den Hintergrund und Anezka und Franz geben sich unbeschwert der körperlichen Vereinigung hin. Als Franz sie aber schließlich fragt, warum sie bei ihrer ersten Begegnung weggelaufen sei, gibt sie ihm nur eine nichtssagende Antwort. Er versucht, genauer nachzufragen, wird aber von ihr mit den Worten „Nicht so viel reden" (S. 94, Z. 7 f.) unterbrochen, und statt einer Antwort erfährt Franz ein weiteres Mal ein lustvolles Erlebnis der sexuellen Vereinigung. An Anezkas Verhalten wird deutlich, dass ihr Interesse an Franz rein sexueller Natur ist. Sie geht nicht auf ihn ein und zeigt kein Interesse an ihm als Person, es geht ihr lediglich um körperliche Nähe, das Ausleben von Lust und Spaß. Während Franz in Anezka die Liebe seines Lebens sieht, ist sie an keiner Beziehung interessiert, sodass sich aus ihrem Verhalten schon an dieser Stelle schließen lässt, dass Franz nach diesem Hoch in ein großes Tief stürzen wird, wenn er erkennen muss, dass der gemeinsame Abend nicht der von ihm herbeigesehnte Beginn einer Liebesbeziehung ist.

Abschnitt 24 (S. 94, Z. 12 – S. 96, Z. 3) – Verzweiflung

Die Euphorie der „sexuelle[n] Erlösung" (S. 94, Z. 12) hält nicht lange an. Zum einen ist Franz bewusst, dass er noch viel lernen muss und „das Mysterium Frau in seiner ganzen schrecklichen Schönheit" (S. 94, Z. 19 f.) wohl nie ganz begreifen wird. Noch schlimmer wiegt jedoch der Umstand, dass Anezka sich ihm ein weiteres Mal entzieht. Während Franz nur noch von den Gedanken an Anezka getrieben wird, ist diese für ihn unauffindbar. Viele Male geht er zu dem Haus in der Rotensterngasse, doch nie trifft er sie dort an und niemand will ihm Auskunft zu ihrem Aufenthaltsort geben. Franz ist verzweifelt, was sich auch körperlich zeigt. Er ist „kreidebleich" (S. 95, Z. 17), kann sich nicht auf die Arbeit konzentrieren und träumt wirr. Auch der Rat Freuds, seine Träume aufzuschreiben, kann ihm nicht helfen und sein Kummer ist größer denn je. Franz' Aufgewühltheit und Verzweiflung werden in diesem Abschnitt durch die gehäufte Verwendung von Parataxen unterstrichen, die seinen ihn dominierenden Liebeskummer zum Ausdruck bringen: „Es nutzte nichts. Es half nichts. Es nutzte und half alles nichts." (S. 25 f.)

Verschwinden Anezkas
– Liebeskummer Franz'

Abschnitt 25 (S. 96, Z. 4 – S. 96, Z. 17) – Kurzes Wiedersehen

Einige Wochen später klopft Anezka nachts durchgefroren an die Trafik. Ohne ein Wort zu sprechen, „ging sie an ihm vorbei und legte sich ins Bett" (S. 96, Z. 8 f.). Wieder kommt es zu einem sexuellen Erlebnis, das Franz in „ein Häuflein Glück" (S. 96, Z. 14) verwandelt. Er nimmt sich vor, ihr am nächsten Morgen einen Antrag zu machen, doch als er aufwacht, muss er feststellen, dass Anezka bereits verschwunden ist. Franz ist dem Willen und den Launen der jungen Frau ausgeliefert. Sie bestimmt, wann und wie die Begegnungen zwischen ihnen verlaufen. Der Vorsatz, die Böhmin zu heiraten, veranschaulicht wiederum die noch nicht ausgebildete Reife des jungen Mannes, der das Verhalten Anezkas nicht kritisch bewerten kann.

Überraschendes Wiedersehen mit Anezka

Abschnitt 26 (S. 96, Z. 18 – S. 97, Z. 19) – Versuch, Anezka zu vergessen

Franz versucht nun, den Rat Freuds zu befolgen und Anezka zu vergessen. Dieses Vorhaben scheitert jedoch, denn er muss immerzu an sie denken. So fasst er den Entschluss, wieder aktiv zu werden und erneut nach ihr zu suchen, weshalb er Trsnjek „breitbeinig und entschlossen" (S. 97, Z. 2) mitteilt, er müsse zum Doktor, woraufhin der Trafikbesitzer ihn für den Rest des Tages freistellt. Franz Huchels Leben wird von der unglücklichen Liebe bestimmt, ein Zustand, aus dem er sich nicht aus eigener Kraft lösen kann.

Entschluss, Anezka erneut zu suchen

Abschnitt 27 (S. 97, Z. 20 – S. 110, Z. 4) – Besuch in der „Grotte"

In dem längsten Abschnitt des Romans muss Franz schließlich erkennen, dass er einem Trugbild erlegen ist, da er nunmehr über Anezka erfährt, als diese bisher von sich preisgegeben hat. Nach der Erkenntnis, die Geliebte nicht vergessen zu können, begibt Franz sich wieder zu dem gelben

Franz verfolgt Anezka

Haus in der Rotensterngasse, wo er versteckt auf das Erscheinen Anezkas wartet. Sein Warten scheint zunächst vergeblich zu sein, doch gerade als er seinen Versuch durchnässt aufgeben will, verlässt Anezka das Haus. Franz spricht sie nicht an, sondern nimmt intuitiv die Verfolgung auf, um mehr über sie zu erfahren. So gelangt er über den Prater schließlich zu einem Lokal, das den Namen „Zur Grotte" trägt.

Auffällig bei der Beschreibung der Wahrnehmungen sind – wie bereits bei dem Haus in der Rotensterngasse – die negativen Eindrücke. Anezka verschwindet „in einem dunklen Seitengässchen" (S. 99, Z. 3) und es werden die „schmutzige[n] Mauern" (S. 99, Z. 9) eines Hinterhofes beschrieben, in dem „ein paar Mülltonnen zusammengerottet wie schlafende Kühe" (S. 99, Z. 10 f.) stehen. Zudem wirft eine an einem Draht baumelnde Glühbirne „schmutziggelbes Licht" (S. 99, Z. 12 f.). In dieser Umgebung befindet sich die „Grotte", die durch die Beschreibung der Umgebung von Anfang an negativ besetzt wird. Diese Form der Raumgestaltung findet sich im gesamten Roman und so spielt die Bedeutung – man spricht auch von Semantik – der Räume eine große Rolle. Während der Attersee beispielsweise für die Heimat und Kindheit steht, wirkt die Großstadt Wien bei Franz' Ankunft wild und bedrohlich. Die Trafik dagegen vermittelt eine ruhige Atmosphäre und stellt für den Jungen einen Ort der Orientierung dar.

Negative Ortsbeschreibung

Bedeutung der Räume

Nußdorf am Attersee:	überwiegend positiv besetzte Naturbeschreibungen → Heimat und Kindheit, Naivität,
Wien:	laut, grell, unübersichtlich → Orientierungslosigkeit, Angst vor dem Ungewissen, Ende der Kindheit
Trafik:	ruhig, geordnet → Orientierung und Halt, Wissenszuwachs, Reifeprozess

Prater:	lebhaft, laut → Vergnügen, unverbindliche Begeg-nungen, erwachende Sexualität
Wohnung Freuds:	Essensduft, heimelig → Rat und Freundschaft
gelbes Haus in der	heruntergekommen, Gestank → unglückliche
Rotensterngasse:	Verbindung mit Anezka
„Grotte":	zwielichtige Umgebung, gesellschaftsfreier Raum → Ernüchterung Franz Huchels

Bedeutung der
Kindheits-
erinnerungen

Als Franz die „Grotte" betritt, überkommen ihn Erinnerungen an seine Heimat, was seine tiefe innerliche Verbundenheit mit dieser zum Ausdruck bringt. Im gesamten Roman wird die Gegenwart stets mit Kindheitserinnerungen gemischt wahrgenommen. Diese Erinnerungen in Form von Rückblenden definieren Seethalers „Trafikanten" als Coming-of-Age-Roman[1]. Franz Huchel befindet sich in dem Zustand zwischen Kind und Mann. Seine Erfahrungen in Wien und die Erziehung zu einem mündigen Menschen durch Trsnjek führen jedoch dazu, dass die Distanz zum Kind im Laufe des Romans größer wird, sodass auch die Kindheitserinnerungen seltener eingeblendet werden.

Politische Satire

Unbeholfen löst Franz eine Eintrittskarte und nimmt in dem heruntergekommenen Raum Platz, der nur durch eine „unauffällige Tapetentür" (S. 101, Z. 8) – offensichtlich handelt es sich um einen Raum, dessen Zugang nicht gleich erkennbar sein soll – zu betreten ist. Alle Anwesenden – Mitarbeiter sowie Besucher – machen einen zwielichtigen Eindruck und die erwartete Show wird ausschließlich von Männern besucht. Die Vorstellung beginnt mit einer politischen Satire, die Franz nicht wirklich versteht. Ein kleiner ältlicher Mann übt Kritik an den Nationalsozialisten und parodiert unter dem Beifall des Publikums Hitler, den er

---

[1] Der Begriff Coming of Age ist die englische Bezeichnung für das Erwachsenwerden. In der Literatur gibt es zahlreiche Romane, die sich mit dieser Thematik befassen, wobei die Entwicklung der jungen Hauptfigur im Zentrum steht.

zum Hund degradiert, was offensichtlich in dem abge-
schlossenen und von gesellschaftlichen Normen freien
Raum einer „Grotte" noch möglich ist. Ähnliches gilt für
das von den Männern erwartete erotische Programm, das
im öffentlichen gesellschaftlichen Raum wohl kaum akzeptiert werden würde. Beides, die politische und erotische
Ausrichtung der Vorstellung, ist nur in diesem gesell-
schaftsfreien, geschlossenen Raum möglich.

Als nächste Attraktion wird eine „scheue Schönheit aus
dem Indianerland" (S. 106, Z. 3 f.) angekündigt und es wird
deutlich, dass die Männer auf diesen Programmpunkt re-
gelrecht hingefiebert haben. Hier besitzen die gesellschaftlichen Regeln nicht den Stellenwert wie in der Öffentlich-
keit und der Raum erlaubt ein eher triebbestimmtes Verhalten.

Als der erotische Tanz beginnt, ist Franz schockiert: Sofort
erkennt er, dass es sich bei der Tänzerin um Anezka handelt. Durch die Zurschaustellung ihres Körpers fühlt er sich
und seine Intimität mit ihr, die ihm zuvor solch eine Erfüllung verschafft hat, verraten (vgl. S. 109, Z. 5 ff.). Franz
muss erkennen, dass er einem selbst geschaffenen Trugbild der Frau erlegen ist. Die für ihn so wichtige erste sexuelle Erfahrung wird durch den schamlosen Auftritt relati-
viert, Anezkas Körper wird für ihn zum „Allgemeingut,
[e]ine[r] Sehenswürdigkeit. Das Schlimmste aber war, dass
sie es zu genießen schien" (S. 109, Z. 9 ff.). Mit dieser Wahrheit konfrontiert, verlässt Franz ernüchtert und desillusioniert den Nachtclub. Sein seelischer Zustand wird anschließend symbolhaft in einem Nachtfalter dargestellt, der im
Hof um eine Glühbirne herumschwirrt. Franz beobachtet
das Tier, bis es „das heiße Glas [berührte]" (S. 110, Z. 2) und
tot zu Boden stürzt „wie ein kleiner Schatten, der vom Himmel fällt" (S. 110, Z. 4). So wie dem Nachtfalter die Verlo-
ckung des Lichtes, das ihm den Tod bringt, zum Verhängnis
wird, ergeht es Franz mit Anezka. Auch er verbrennt sich an

Desillusionie-
rung

der Frau, die ihm zunächst wie die Erfüllung all seiner Sehnsüchte erscheint, und bleibt nun nach der Erkenntnis, dass er einem Trugbild erlegen ist, mit gebrochenem Herzen zurück.

Abschnitt 28 (S. 110, Z. 5 – S. 113, Z. 29) – Franz will Anezka zur Rede stellen

Franz wartet vor dem Nachtclub, bis Anezka schließlich in Begleitung des Conférenciers[1] Heinzi auftaucht. Die beiden wirken vertraut miteinander und eifersüchtig nimmt Franz die Berührungen zwischen ihnen wahr. Als er sich zeigt, um Anezka anzusprechen, wird er von ihrem Begleiter mit einem Messer bedroht, was noch einmal unterstreicht, in welch gefährlicher Umgebung er sich befindet, die im Kontrast zu seinem normalen Umfeld steht. Auf Anezkas Hinweis hin, sie müsse mit Franz sprechen, entfernt sich Heinzi. Sofort will Franz wissen, ob die beiden intim miteinander sind, und er gibt seine Eifersucht deutlich preis. Diese resultiert aus der Erkenntnis, dass das von ihm so individuell Erlebte und als einzigartig Empfundene keine Gültigkeit besitzt und austauschbar ist. Anezka reagiert wenig einfühlsam und macht rohe Anmerkungen. Sie nimmt seine Gefühle nicht ernst und weist schließlich darauf hin, dass sie keine feste Beziehung sucht: „Ich geheer zu keinem. Nicht einmal zu mir selber!" (S. 113, Z. 1) Franz ist für sie nur einer von vielen Sexualpartnern gewesen, den sie als Mann nicht ernst nimmt, was sich auch in diesem Gespräch an der wiederholten Bezeichnung „Burschi" (z. B. S. 113, Z. 15) zeigt, die sie statt seines Namens verwendet. Als Franz ernüchtert darauf hinweist, dass er „nicht Burschi" (S. 113, Z. 19) heiße, lässt sie ihn wortlos nach einem Kuss auf die Stirn allein zurück. Anezkas Hinweis, dass sie nicht einmal sich selbst gehöre, verdeutlicht den Warencharak-

---

[1] jemand, der durch das Programm führt

ter, den sie ihrem Körper und sich selbst zuschreibt. Sie gehört demjenigen, der dafür bezahlt. Diese Erkenntnis muss dem jungen Franz, der sich gerade erst auf den Weg gemacht hat, den Bereich der Sexualität zu erkunden, zutiefst verstören.

Bevor auch Franz die Gasse verlässt, hebt er den toten Nachtfalter auf „und wickelte ihn behutsam in ein Taschentuch" (S. 113, 29). Der Falter wird für ihn zum Symbol der Verletzung, die ihm seine Erlebnisse und die Verbindung mit Anezka insgesamt zugefügt haben.[1]

Nachtfalter als Symbol

Abschnitt 29 (S. 114, Z. 1 – S. 115, Z. 3) – Postkarten

Franz berichtet seiner Mutter, dass er zum Bahnhof gegangen sei, um nach Hause zurückzukehren, eine unmittelbare Reaktion auf seine Ernüchterung, die er erfahren hat, als er erkennen musste, wie sehr er sich in Anezka getäuscht hat. Weiter berichtet er, dass er sich dann aber doch dagegen entschieden habe, denn „[m]an hat ja mittlerweile eine Verantwortung" (S. 114, Z. 15). Verantwortung ist ein zentrales Motiv im Roman Seethalers, das im privaten wie auch im übergeordneten gesellschaftlich-politischen Bereich zum Tragen kommt und das Handeln des mündigen Franz Huchels bestimmt. Seine eigene Aussage, die hier noch eher scherzhaft klingt, bringt Franz am Ende des Romans dazu, für seine eigenen Werte und Überzeugungen einzutreten. Frau Huchel reagiert auch hier einfühlsam und weiß die Äußerungen ihres Sohnes zu deuten. Sie versichert ihm, dass auch dieser Liebeskummer vorübergehen werde, und bestärkt ihn in seiner Entscheidung, weiter in Wien seinen Pflichten nachzukommen. Trotz der räumlichen Trennung fungiert sie für ihren Sohn als Halt und sichere Konstante.

Verantwortung als zentrales Motiv

---

[1] Vgl. hierzu auch Abschnitt 27, S. 52 ff.

Abschnitt 30 (S. 115, Z. 4 – S. 125, Z. 3) – Erweiterung der Figur Freuds

Perspektiv-
wechsel

Der nun folgende Abschnitt liefert tiefere Einblicke in Freuds Wirken und lässt sich in zwei große Sinnabschnitte unterteilen. Bevor Franz den Professor aufsucht, befindet dieser sich in einer Therapiesitzung, welche der Leser durch die Augen des personalen Erzählers (vgl. die Innensicht Freuds) begleitet. Es findet also einer der wenigen Perspektivwechsel im Roman statt, sodass die Figur Freud differenzierter ausgestaltet und vermittelt wird.

Freuds
Unzufriedenheit
als Therapeut

Sigmund Freud behandelt eine Amerikanerin, die stark übergewichtig ist und unter ihrer Unzufriedenheit mit sich selbst leidet. Sie scheint eine ausgeprägte depressive Verstimmung zu haben und bricht häufig in Tränen aus. Schon seit einiger Zeit nimmt sie Freuds Dienste in Anspruch, es wird aber deutlich, dass die Therapie nur wenig Fortschritte macht (vgl. S. 116, Z. 2 ff.). Es zeigt sich, dass Freud seiner Patientin durchaus Sympathie entgegenbringt (vgl. S. 116, Z. 11 f.), gleichzeitig aber stets um eine gewisse Distanz bemüht ist, was ihm jedoch nicht immer gelingt (vgl. S. 117, Z. 27 ff.). Durch die Innensicht des personalen Erzählers erfährt der Leser, dass der alte Professor sich als Therapeut unzufrieden und bisweilen hilflos und am Ende seines Lebens erschöpft fühlt (vgl. S. 117, Z. 3 ff.), seine Arbeit selbstkritisch betrachtet und es sogar bereut, diese Richtung eingeschlagen zu haben, da er das Gefühl hat, den Menschen trotz aller Bemühungen nicht begreifen und ihm somit nicht helfen zu können (vgl. S. 117, Z. 11 ff.). Dennoch versucht er weiterhin, seinen Patienten pragmatische Ratschläge zu geben.

Das Instanzen-
modell

Bei der Schilderung der Therapiesitzung greift Seethaler auf die wohl bekannteste Theorie Sigmund Freuds zurück, das Instanzenmodell, das er erstmals 1923 erarbeitete. Der historische Sigmund Freud, Arzt und Begründer der Psychoanalyse, beschreibt in diesem Modell die menschliche

Das Arbeitszimmer Sigmund Freuds in Wien

Persönlichkeit. Demnach ist diese dreigeteilt, bestehend
aus dem Über-Ich, dem Ich und dem Es. Das Über-Ich re-   Über-Ich
präsentiert den Bereich der gesellschaftlichen Normen, die
erlernt werden und von konkreten Zeitumständen abhängen. Diese Normen sind dem Menschen z. T. bewusst, z. T.
bestimmen sie jedoch auch sein Verhalten, ohne dass ihm
dies bewusst ist. Das Es ist der Bereich, in dem die mensch-   Es
lichen Triebe und verdrängten Wünsche und Erlebnisse regieren und der weitgehend unbewusst ist. Ursprünglich
ging Freud davon aus, dass diese Triebe sowohl eine positive als auch eine negative, zerstörerische Funktion haben
können. Später spricht er nur noch von einem allgemeinen
Triebpotenzial. Aufgabe des Ichs ist es, gewissermaßen   Ich
zwischen dem Über-Ich und dem Ich zu vermitteln.[1] Wenn

---

[1] Vgl. auch das Kapitel „Sigmund Freud und die Psychoanalyse",
S. 102 ff.

also der fiktive Freud in Seethalers Roman davon spricht, dass „die Scham und die Lust [...] wie Geschwister" seien, „die Hand in Hand durchs Leben gehen" (S. 120, Z. 6 ff.), und darauf hinweist, dass beide berücksichtigt werden müssten, bedient er sich der konkreten Theorie des Psychoanalytikers, wodurch eine Vermischung von Fiktion und Wirklichkeit entsteht, sodass dem Leser die Geschehnisse wiederum als real erscheinen.

Politisches Bewusstsein Freuds

Der zweite Sinnabschnitt zeigt Freud nach der Sitzung am Fenster stehend. Auch dieser verfügt – ebenso wie Trsnjek – über ein ausgeprägtes politisches Bewusstsein und es folgt eine Schilderung der politischen Gegebenheiten und Entwicklungen. Die Einflüsse der Nationalsozialisten werden auch in Österreich immer spürbarer und die Machtübernahme scheint bevorzustehen, auch wenn der österreichische Bundeskanzler Kurt von Schuschnigg für ein „freies, deutsches, unabhängiges, soziales, christliches und vereintes Österreich" (S. 121, Z. 10 f.) eintreten will. Dass ihm dies aber nicht gelingen dürfte, wird an den Überlegungen Freuds deutlich, der sich vorstellt, dass

„Adolf Hitler wahrscheinlich gerade irgendwo in Berlin vor dem Radio [saß] und [...] sich die Lippen [leckte]. Österreich lag vor ihm wie ein dampfendes Schnitzel." (S. 121, Z. 13 ff.) Dass damit auch Freud persönlich in Gefahr gerät, wird in einer Kli-

Kurt von Schuschnigg, Bundeskanzler Österreichs 1934 – 1938

max deutlich hervorgehoben: „Er war alt. Er war krank. Er war Jude." (S. 124, Z. 9)

Als seine Tochter ihm mitteilt, dass „[d]er Trafikantenbub" (S. 122, Z. 26) auf ihn warte, nimmt er diese Information freudig zur Kenntnis. Franz bildet für ihn einen willkommenen Kontrast zu seinem eigenen ausgezehrten Dasein. Während er alt und zerbrechlich ist, „blühte" der „Bursche" (S. 122, Z. 30), „in diesem jungen Menschen pulsierte das frische, kraftvolle und obendrein noch ziemlich unbedarfte Leben" (S. 123, Z. 6 ff.), das der alte Professor vermisst. Ohne Umschweife macht er sich sofort dafür bereit, Franz zu begegnen. Die Beziehung der beiden ist also nicht nur einseitiger Natur, da Freud aus den Unterhaltungen mit dem jungen Mann Kraft schöpft, während dieser Freud als Orientierung und Ratgeber schätzt.

Franz als willkommener Kontrast zu Freuds Leben

Abschnitt 31 (S. 125, Z. 4 – S. 142, Z. 19) – Spaziergang mit Freud

Freud fordert Franz, der auf einer Bank vor dem Haus auf ihn gewartet hat, zu einem Spaziergang auf. Neben dem Gespräch der beiden werden dem Leser an dieser Stelle auch die sich zuspitzenden politischen Unruhen geschildert, die allgegenwärtig sind. Wie bereits zuvor werden die gefährlichen Tendenzen durch die Beschreibung eines Windes unterstrichen, so weht einem Mann, der „Parolen gegen Hitler und für die österreichische Arbeiterschaft" (S. 128, Z. 17 f.) ruft, die Mütze vom Kopf und sie wird vom Wind davongetragen. Das gleiche Bild wurde bereits in Abschnitt 9 gezeichnet,[1] die fehlende Kopfbedeckung dient als Symbol der Gefahr, in der sich die Gegner der Nationalsozialisten befinden. Wie weit die Nazifizierung schon fortgeschritten ist, wird an der Schilderung einiger Kinder deutlich, die „Hakenkreuzfähnchen" (S. 128, Z. 1) schwen-

Politische Unruhen

---

[1] Vgl. S. 28 ff.

ken und „Sieg Heil!" (S. 128, Z. 4) rufen. Der Kontrast, der zwischen der geschilderten kindlichen Leichtigkeit und den von ihnen gerufenen Parolen besteht, führt den Einfluss der Nationalsozialisten nur umso erschreckender vor Augen. Gleichzeitig wird durch das unbedarfte Verhalten der Kinder die gefährliche Unwissenheit des Volkes aufgezeigt, das im Kontrast zu den aufgeklärten Figuren im Roman – u. a. Trsnjek, Freud und schließlich auch Franz Huchel – steht.

Wechselseitige Anziehung

In der Unterhaltung zwischen Freud und Franz wird deutlich, dass der junge Mann die Aufmerksamkeit des Professors genießt (vgl. S. 126, Z. 13 ff.) und er diesem Bewunderung entgegenbringt (vgl. S. 127, Z. 6 ff.), ihn gleichzeitig aber auch wegen seiner Gebrechlichkeit bemitleidet. Die beiden verbindet eine wechselseitige Anziehungskraft, da Freud – wie im vorangegangenen Abschnitt deutlich geworden ist – die Vitalität, die von Franz ausgeht, vermisst.

Reflexion und Erkenntniszuwachs

Freud zeigt Interesse für seinen Gesprächspartner und lenkt die Unterhaltung auf Franz' Liebesleben und gibt ihm so die Möglichkeit, über seine Probleme zu reden. Franz schildert ihm daraufhin seine Gefühlslage und die Erfahrungen mit Anezka und verdeutlicht, wie aufgewühlt er ist. Seine Schilderungen zeigen deutlich, dass Aufgestautes nun endlich ausgesprochen werden kann, die Informationen sprudeln ungefiltert aus ihm heraus und gipfeln in der Aneinanderreihung von Parataxen: „Und da habe ich gegen die Tonne getreten und Anezka beleidigt, und sie hat mir einen Kuss gegeben und ist gegangen, und ein Falter ist vom Himmel gefallen und alles, alles, alles war vorbei." (S. 135, Z. 2 ff.) Freud hört aufmerksam zu und stellt dann die zentrale Frage, ob Franz Anezka liebe (vgl. S. 135, Z. 13), wodurch diesem die Zweifel an seinen Gefühlen bewusst werden, die er zuvor nicht richtig reflektieren konnte: „Ich weiß es nicht, sagte er leise. Eigentlich war ich mir sicher. Aber jetzt weiß ich es nicht mehr." (S. 136, Z. 12 f.) Auch in

diesem Zustand der Verwirrung begleitet Freud den unerfahrenen jungen Mann und erläutert ihm den Unterschied
zwischen Liebe und sexuellem Begehren (Libido) und hilft
ihm so, seine Gefühlswelt besser zu verstehen.

Das Gespräch erhält einen Einschnitt, als ein kleiner Vogel
ihre Aufmerksamkeit erregt, den Freud schließlich voraus-
deutend als „Pestvogel" (S. 137, Z. 20) identifiziert, der
„immer nur vor dem Ausbruch von Seuchen, Kriegen und
anderen Katastrophen auftaucht" (S. 137, Z. 21 f.), ein weiteres Symbol für den bevorstehenden Krieg, was Franz
nachdenklich stimmt, da ihm – ein Ausdruck seines Reife-
prozesses – seine eigenen Probleme „neben diesen ganzen
verrückten Weltgeschehnissen" (S. 138, Z. 7 f.) unberech-
tigt erscheinen. Freud nimmt seine persönlichen Sorgen
aber dennoch ernst und warnt zugleich vor der Zukunft.

Pestvogel als Symbol

Literarische Symbole finden immer wieder Verwendung im
Roman Seethalers und haben zumeist eine vorausdeuten-
de Funktion. Es gibt aber auch einige Symbole, die die Entwicklung Franz Huchels aufgreifen oder übergeordnete Aspekte betreffen.

Literarische Symbole im Roman

vorausdeutende Funktion → Gefahr	Entwicklung/Gefühls-lage Franz Huchels	Weitere Symbole
tote Kuh	Attersee → Heimatver-bundenheit	Zigarren → (Gedan-ken-)Freiheit
fehlender Hut	Nachtfalter → emotiona-le Verletzungen durch unglückliche Liebe zu Anezka	Weberknecht → Hilflosigkeit
Pestvogel		
Wind/Sturm		
Zahnverlust	Trsnjeks gehisste Hose → Widerstand, Einste-hen für entwickelte Wertvorstellungen	
Geranie		

Franz erhofft sich weiterhin Rat und Hilfe von Freud, dieser gibt ihm jedoch zu verstehen, dass er ihm in diesem Fall nicht helfen kann, denn „[d]ie richtige Frau zu finden ist eine der schwierigsten Aufgaben in unserer Zivilisation" (S. 140, Z. 28 f.). Auch wenn Freud Franz Huchel keine Lösung für seinen Kummer anbieten kann, erfährt der junge Mann durch das Gespräch einen Erkenntniszuwachs.

Abschnitt 32 (S. 142, Z. 20 – S. 143, Z. 7) – Auswirkungen des Gesprächs

Nach der Verabschiedung von Freud bleibt Franz allein zurück, nach einem kurzen Innehalten „marschierte er entschieden los" (S. 143, Z. 5) und besucht ein Wirtshaus. Das Gespräch hat ihm neue Kraft gegeben und markiert den ersten Schritt, den Liebeskummer zu überwinden.

Abschnitt 33 (S. 143, Z. 8 – S. 145, Z. 23) – Selbstmord des Roten Egon

Der Rote Egon als Freiheitskämpfer

Der Rote Egon, bekennender Sozialdemokrat, verfolgt im Radio die Berichterstattung über den Rücktritt Schuschniggs, der sich „nach massiven Gewaltandrohungen gezwungen" (S. 143, Z. 13 f.) sieht, die Volksabstimmung für ein freies Österreich aufzugeben. Als auf der Straße freudige Tumulte und Naziparolen ertönen, steigt er mit einer Stoffbahn auf das Dach des Hauses und befestigt diese an der Fassade und rollt sie aus. Er raucht eine letzte filterlose Zigarette – ein Symbol der Gedankenfreiheit[1] – und stürzt sich schließlich in die Tiefe, als „drei Männer und eine Frau mit Hakenkreuzbinden" (S. 145, Z. 18 f.) das Dach betreten. Erst im sich anschließenden Abschnitt erfährt der Leser, dass die Stoffbahn einen offenen Widerstand darstellt, da sie den Spruch „ES LEBE DIE FREIHEIT! ES LEBE UNSER VOLK! ES LEBE ÖSTERREICH!" (S. 148, Z. 23 f.) zeigt. Der Ro-

---

1 Vgl. hierzu Abschnitt 5, S. 23 f.

te Egon stirbt also als Freiheitskämpfer und sein Freitod kann als offener Widerstand gewertet werden.

Die Schilderungen des Selbstmordes markieren einen Einschnitt in die Schwerpunktsetzung der im Vordergrund stehenden Handlung. Wurde in den vorangehenden Abschnitten vordergründig die individuelle Gefühlswelt Franz Huchels geschildert, die um die unglückliche Verbindung zu Anezka kreiste, so tritt die Anezka-Handlung nun in den Hintergrund, um den thematischen Komplex des Widerstandes und der Verantwortung vorzubereiten und die politischen Umstände genauer zu skizzieren.

Verschiebung des thematischen Schwerpunkts

Abschnitt 34 (S. 145, Z. 24 – S. 152, Z. 24) – Falsche Berichterstattung und Anschlag auf die Trafik

In der Trafik bringt Trsnjek seine Empörung über die Berichterstattung der *Reichspost* zum Ausdruck, die die Geschehnisse um den Roten Egon stark verfälscht. So sei ein „[f]eiger Anschlag [...] auf die neue Geistesfreiheit unseres Reiches" (S. 146, Z. 15 ff.) verhindert worden. Der Rote Egon habe dabei die mutigen Männer und Frauen, die den Anschlag verhindern wollten, bedroht und sei dabei vom Dach gestürzt. Trsnjek schildert Franz diese Berichterstattung. Er kann seine Wut dabei kaum bändigen und zerreißt die Zeitung schließlich in Fetzen, so unfassbar ist für ihn die Verunglimpfung des Mannes, der sich dem Nationalsozialismus widersetzt hat. Schließlich weicht seine Wut einer tiefen Erschütterung und er teilt Franz flüsternd mit, was auf dem vom Roten Egon zur Schau gestellten Transparent geschrieben stand: „DIE FREIHEIT EINES VOLKES BRAUCHT DIE FREIHEIT SEINER HERZEN. ES LEBE DIE FREIHEIT! ES LEBE UNSER VOLK! ES LEBE ÖSTERREICH!" (S. 148, Z. 21 ff.)

Reaktion Trsnjeks

Auch wenn Franz den Ausbruch Trsnjeks nicht kommentiert, wird ersichtlich, dass die falsche Berichterstattung auch ihm zusetzt. Generell wird deutlich, dass Franz durch

Franz als mündiger Leser

das in der Trafik und durch die Gespräche gewonnene Wissen im Gegensatz zu früher Schwierigkeiten hat, „den lieben Schlaf zu finden, der ihn in seinem Bett am See stets so selbstverständlich umfangen und davongetragen hatte" (S. 149, Z. 4 ff.). Die Zeit in Wien hat ihn zu kritischem Denken verholfen und ihm wird bewusst, dass „[d]ie Wahrheit der Morgenausgabe [...] praktisch die Lüge der Abendausgabe" (S. 149, Z. 24 f.) ist, was ihn als mündigen und kritischen Leser kennzeichnet.

Bedeutung des Aufschreibens der Träume

Weiterhin schreibt Franz seine Träume auf, was ihm dazu verhilft, „die nächsten Stunden friedlich, weil traumlos, [zu] schlafen" (S. 151, Z.1 f.). Das ihm von Freud empfohlene Aufschreiben hat für den jungen Mann den therapeutischen Effekt, seine Erlebnisse von innen nach außen zu stellen und für sich Klarheit zu schaffen. Auffällig ist dabei, dass er dabei Erlebnisse, Orte und Personen seiner Kindheit mit der Aktualität verknüpft (vgl. S. 151, Z. 3 ff.), ein weiteres Indiz für seinen Entwicklungsprozess.

Verwüstung der Trafik

Als er schließlich eingeschlafen ist, wird er von Lärm geweckt und muss feststellen, dass es einen Anschlag auf die Trafik gegeben hat. Der Verkaufsraum ist verwüstet und auf der Theke liegen die Innereien eines Tieres. Zwischen Scherben entdeckt er einen „abgeschlagenen Hühnerkopf" (S. 152, Z. 23), der „mit bläulichen, toten Augen zu ihm herauf[blickt]" (S. 152, Z. 23 f.). Die Situation spitzt sich zu und die Tierkadaver liefern eindeutige Hinweise auf die Gewaltbereitschaft und die damit einhergehende Gefahr, die den Gegnern des nationalsozialistischen Regimes droht.

Abschnitt 35 (S. 152, Z. 25 – S. 153, Z. 27) – Reaktion auf die Verwüstung der Trafik

Als Trsnjek am Morgen eintrifft, findet er Franz in der verwüsteten Trafik „zusammengesunken auf dem Hocker" (S. 153, Z. 2 f.) vor. Nun wird auch der Grund des Anschlages geschildert, denn über dem Eingang prangt der „Schriftzug HIER KAUFT DER JUD!" (S. 152, Z. 28). Sichtlich erschüttert beginnen Trsnjek und Franz wortlos mit den Aufräumarbeiten.

Abschnitt 36 (S. 153, Z. 28 – S. 158, Z. 15) – Die Verhaftung Trsnjeks

Die Ereignisse überschlagen sich. Nach dem Aufräumen sitzen Trsnjek und Franz gemeinsam in der Trafik. Die Passanten hasten an dem Laden vorbei und verschließen die Augen vor der Zerstörungswut, der die Trafik zum Opfer gefallen ist. Veranschaulicht wird diese Tendenz des Wegsehens an der Figur Frau Dr. Dr. Heinzel, einer Stammkundin der Trafik, die auf der anderen Straßenseite vorbeieilt.

Tendenz des Wegsehens

Ein Wagen hält vor der Trafik und „drei Männer in grauen Anzügen" (S. 154, Z. 21 f.) steigen aus. An ihrem Verhalten wird sofort ersichtlich, dass dieser Besuch Folgen haben wird. Ihr Auftreten ist dominant und herrisch und sie bieten Trsnjek und Franz keine Möglichkeit, eine Konfrontation zu vermeiden. Grundlos wird Franz nach dem Eintreten der Männer von einem von ihnen mit der „Faust gegen das linke Ohr" (S. 155, Z. 7 f.) geschlagen und die Unbekannten erwecken den Eindruck, dass sie noch zu weitaus schlimmeren Dingen in der Lage sind. Nach dieser Demonstration roher Gewalt nennen sie den Grund ihres Erscheinens: „Otto Trsnjek, ich verhafte Sie, wegen Besitz und Verbreitung pornografischer Druckerzeugnisse!" (S. 155, Z. 12 ff.) Trsnjek gibt zu, dass die Vorwürfe stimmen und er diese Hefte auch an Juden verkauft. Franz unternimmt daraufhin mutig den Versuch, Trsnjek zu retten, und behauptet, dass die gefundenen Hefte ihm gehörten, Trsnjek wiederum versucht verzweifelt, den jungen Franz, dem die Konsequenzen nicht bewusst sind, zu beruhigen. Als Franz nicht aufhört, Trsnjek zu verteidigen, richtet dieser unmissverständliche Worte an ihn: „Du bist mein Lehrbub ... und obendrein

Franz erkennt die Gefahr

ein Trottel. Und deswegen machst du jetzt genau das, was ich dir sage: Setz dich wieder hin und halt deinen blöden Mund!" (S. 157, Z. 29 – S. 158, Z. 1) Diese direkte Ansprache und der Anblick Trsnjeks, der durch die gewaltsame Festnahme deutlich gezeichnet ist, lassen Franz verstummen und ihm wird nun zum ersten Mal die Tragweite der politischen Vorgänge in Ansätzen bewusst, „[f]ür den Bruchteil einer Sekunde öffnete sich ein Fenster in die Zukunft, durch das die weiße Angst zu ihm hereinwehte" (S. 158, Z. 7 ff.) – Franz Huchel erkennt die Gefahr. Aus dem „Burschi" (S. 157, Z. 17), dem naiven Jungen vom Land, ist nun der kritisch denkende Mann Franz Huchel geworden, wie er selbst deutlich zu verstehen gibt (vgl. S. 157, Z. 19 f.).

Franz: Wandlung vom naiven Jungen zum kritisch denkenden Mann

Abschnitt 37 (S. 158, Z. 16 – S. 160, Z. 3) – Franz bleibt allein zurück

Der Täter Roßhuber

Nachdem Trsnjek widerstandslos abtransportiert worden ist, bleibt Franz allein in der Trafik zurück. Dass sein Schicksal besiegelt ist, lässt sich an den zurückgelassenen Krücken ablesen, die Franz zum Wagen bringen wollte, jedoch muss er feststellen, dass Trsnjek bereits fort ist. Der Fleischermeister Roßhuber, der bereits zuvor für erste Anfeindungen gegen Trsnjek gesorgt hat,[1] registriert die Geschehnisse mit einem Lächeln, was darauf verweist, dass er es ist, der Trsnjek denunziert hat. Die Tatsache, dass er „an seiner Eingangstür mit vor der Blutschürze verschränkten Armen" (S. 159, Z. 6 f.) steht, verdeutlicht die Brutalität und das Ausmaß des gesamten Geschehens und beinhaltet eine klare Wertung des Erzählers.

Franz' neue Rolle

Als ein Kunde die Trafik betritt, bedient Franz diesen. Von nun an wird er sich um das Geschäft kümmern und die ihm

---

[1] Vgl. Abschnitt 14, S. 39 ff.

zuteilgewordene Verantwortung „selbstverständlich" (S. 160, Z. 1) übernehmen.

Abschnitt 38 (S. 160, Z. 4 – S. 164, Z. 25) – Erster Brief an die Mutter

Franz zeigt sich aktiv und ist sehr bemüht darum, die Trafik wieder instand zu setzen. Er lässt die Scheibe erneuern und streicht das Interior mit weißer Farbe. Seinen Hocker in der Ecke, welcher als Lehrling stets sein Platz gewesen ist, tauscht er nun gegen „Trsnjeks Sessel" (S. 161, Z. 17) ein und insgesamt entsteht das Bild eines verantwortungsbewussten jungen Mannes.

Franz übernimmt Verantwortung

Nach getaner Arbeit verfasst Franz zum ersten Mal einen Brief an seine Mutter, der Aufschluss über die Entwicklung der Figur liefert. Franz wählt nun die Briefform und setzt sich über die zuvor festgelegte Kommunikation über Postkarten hinweg, da er seiner Mutter viel zu sagen hat. Der Brief dient ihm dabei gleichermaßen zum Ordnen der eigenen Gedanken, ähnlich wie es bei dem Aufschreiben der Träume der Fall ist. Er reflektiert die Geschehnisse, die ihn teilweise überfordern, und so berichtet er seiner Mutter allgemein von den politischen Entwicklungen, die er wahrnimmt, und beschreibt auch seinen eigenen Entwicklungsprozess mit all den Problemen, die damit verbunden sind: „Bis vor Kurzem war ich ja noch ein Kind. Und jetzt bin ich noch kein Mann. Darin liegt die ganze Misere." (S. 162, Z. 13 ff.) Zudem schildert er ihr seine Erfahrungen mit der Liebe und teilt ihr seine Erkenntnis mit, dass Dinge kritisch hinterfragt werden müssen (vgl. S. 162, Z. 27 ff.). Auch die Freundschaft zu Freud wird in dem Brief thematisiert und Franz verbalisiert zum ersten Mal einem anderen Menschen gegenüber, dass er Angst um den Professor hat, da dieser Jude ist.

Reflexion der Ereignisse in einem Brief um die Mutter

Während Franz sich seiner Mutter in dem Brief öffnet und ihr seine Gedanken und Gefühle offenbart, spart er die Ver-

Weitsichtiges Handeln

haftung Trsnjeks aus. Stattdessen erwähnt er, dass der Trafikant erkrankt sei und daher einige Tage nicht arbeiten könne. Franz zeigt sich an dieser Stelle als einfühlsamer junger Mann, der seine Mutter schützen möchte und daher die verstörende Information der Verhaftung zurückhält.

Sozial-emotionale Reife – Ende der Kindheit

Der Brief endet mit der Schilderung von Franz' Gefühlslage. Auch wenn er häufig Heimweh empfindet und sich „selbst an den See zurück" (S. 164, Z. 15 f.) wünscht, weiß er, dass er den Zustand des naiven Jungen hinter sich gelassen hat: „Natürlich weiß ich, dass das nicht mehr so einfach geht. Ich habe schon zu viel gesehen und gerochen und geschmeckt." (S. 164, Z. 16 f.) Die angesprochenen Sinneswahrnehmungen verweisen auf die gesammelten Erfahrungen, die das Ende der Kindheit markieren. Franz reflektiert seinen eigenen Adoleszenzprozess und teilt seiner Mutter abschließend mit, dass er nun „die vorübergehende Verantwortung eines geschäftsführenden Trafikanten" (S. 164, Z. 21 f.) übernimmt. Insgesamt zeigen sich in diesem Brief also die emotionale Nähe zur Mutter und die sozial-emotionale Reife, die Franz Huchel gewonnen hat. Auch wenn der Adoleszenzprozess noch nicht abgeschlossen ist und sich Franz seiner Unerfahrenheit bewusst ist, hat er sich zu einem verantwortungsvollen jungen Mann entwickelt.

Abschnitt 39 (S. 164, Z. 26 – S. 167, Z. 21) – Veränderungen in der Trafik

Kunden meiden die Trafik

Nach dem Anschlag auf die Trafik und Trsnjeks Verhaftung bleiben viele Kunden aus; die jüdische Kundschaft ist – aus Angst – „fast allesamt verschwunden" (S. 167, Z. 27 f.) und auch die anderen Kunden meiden die Trafik, da sie im Verruf steht, „‚Zärtliche Magazine' an Juden" (S. 165, Z. 15 f.) verkauft zu haben. Die Kunden, die noch kommen, haben sich verändert und die Gesellschaft scheint ganz unter dem Einfluss des Nationalsozialismus zu stehen. Die Veränderung an der Haltung der Menschen wird an dieser Stelle an der Form der Artikulation verdeutlicht: Während „[d]er gedämpfte Plauderton der Bestell- und Verkaufsgespräche" sich immer „so gut in die Schummrigkeit der Trafik eingefügt hatte" (S. 166, Z. 2 ff.), ist dieser nun „einem forschen und klangvoll scheppernden Ausdruck gewichen" (S. 166, Z. 4 f.).

Auch Franz' Gewohnheiten haben sich geändert, denn er hat mit dem Zeitunglesen „beinah gänzlich aufgehört, die Zeitungen waren sowieso fast ausschließlich mit denselben, immer wiederkehrenden Inhalten gefüllt" (S. 166, Z. 13 ff.), ein eindeutiger Hinweis auf den großen Einfluss der NSDAP[1] und die Einschränkung der Pressefreiheit. Insgesamt vermitteln die Schilderungen eine bedrückende Atmosphäre und das bevorstehende Unheil scheint unumgänglich, denn „[i]n kürzester Zeit hatte sich der kleine Oberösterreicher[2] in die Köpfe seiner Landsleute hineingesetzt und würde daraus sicher so schnell nicht wieder verschwinden" (S. 166, Z. 25 ff.).

Steigender Einfluss der Nationalsozialisten

Neben diesen drastischen Veränderungen in der Gesellschaft wird in diesem Abschnitt zudem deutlich hervorgehoben, dass Franz sich den Gedanken an Anezka noch immer nicht entziehen kann und sie seine Empfindungen weiterhin dominiert.

Abschnitt 40 (S. 167, Z. 22 – S. 172, Z. 19) – Antwortbrief der Mutter

An einem Montagmorgen im April erhält Franz den Antwortbrief seiner Mutter. Frau Huchel geht ausführlich auf die Schilderungen ihres Sohnes ein und kommt auch ihrem eigenen Mitteilungsbedürfnis nach und berichtet von den Entwicklungen am Attersee. Auch dort wird der Einfluss der

Zustände am Attersee

---

[1] Nationalsozialistische Deutsche Arbeiterpartei
[2] Gemeint ist Adolf Hitler.

Nationalsozialisten immer größer und in den Ausführungen wird deutlich, dass sie diese Vorgänge durchaus kritisch sieht.

Ehrlichkeit und Fürsorge der Mutter

In dem ganzen Brief ist die Fürsorge und Mutterliebe, die sie ihrem Sohn entgegenbringt, greifbar, gleichzeitig nimmt sie Franz' Sorgen ernst und gibt ihm offene und ehrliche Ratschläge, wenn es beispielsweise um den Umgang mit der Liebe geht.

Frau Huchel zeigt sich ein weiteres Mal als weitsichtige und starke Frau. Sie weist zum Beispiel darauf hin, dass sie die Verbindung ihres Sohnes zu Freud nicht gerne sieht, da sie befürchtet, dass diese eine Gefahr für Franz bedeuten könnte, da Freud Jude ist. Dabei verurteilt sie nicht Freud als Juden, sondern das Verhalten der nationalsozialistisch geprägten Gesellschaft, aus der sich „die ganze Anständigkeit schon längst verabschiedet hat" (S. 170, Z. 16 f.). An einer anderen Stelle im Brief berichtet sie davon, wie sie sich den aufdringlichen Wirt, bei dem sie Arbeit gefunden hat, geschickt vom Leib hält.

Am Ende verdeutlicht sie ihrem Sohn noch einmal, wie sehr sie ihn vermisst, und offenbart ihm eine sich anbahnende Liebschaft, wodurch sich das offene und vertrauensvolle Verhältnis der beiden noch einmal zeigt.

Bedeutung der Signatur

Franz ist von dem Brief tief gerührt, da er für ihn die Verbindung zur schmerzlich vermissten Mutter herstellt. Besondere Aufmerksamkeit schenkt er der Signatur. Anders als zuvor auf den Postkarten hat sie den Brief mit „*Deine Mutter*" (S. 172, Z. 4) unterschrieben, anstelle von „*Deine Mama*" (S. 172, Z. 11). Durch den Brief ihres Sohnes hat auch Frau Huchel erkannt, dass dieser einen großen Reifeprozess vollzogen hat, dementsprechend nimmt sie ihn nun nicht länger als unwissendes Kind, sondern als Mann wahr, wie ihre Verabschiedung deutlich zeigt, denn „Kinder haben Mamas, Männer haben Mütter" (S. 172, Z. 13 f.).

Abschnitt 41 (S. 172, Z. 20 – S. 176, Z. 14) – Das erste Traumplakat

In der Nacht hat Franz einen Traum, der ihn besonders beschäftigt. Er geht mit seinem Vater, der bereits vor seiner Geburt verstorben ist, zu einem Amt, wo diesem ein dicker Bürokrat mit einem Stempel mit dem Wortlaut ZUKUNFT eine Kopfverletzung zufügt (vgl. S. 173, Z. 24 ff.). Wie er es auf den Rat Freuds hin schon seit einiger Zeit tut, schreibt Franz den Traum in wenigen Worten auf. Dennoch beschäftigt der nächtliche Traum ihn auch an dem darauffolgenden Tag und Franz sinniert über den Wert der Träume im Allgemeinen. Für ihn sind die Träume der Menschen besonders interessant, denn „[d]a stünde einem die eigene Vorsicht nicht mehr im Weg, und alle Ängste, Begehrlichkeiten, und Spinnereien könnten ungehemmt durchs Hirn geistern" (S. 174, Z. 15 ff.). Dieser Ansicht nach werden im Traum Erlebnisse, Wünsche und Gefühlsregungen ungefiltert und ohne Hemmungen verarbeitet. Der historische Freud sieht in den Träumen die Manifestation von Wünschen, die sich in verschlüsselter Form zeigen, sie bieten also die Möglichkeit, Erkenntnisse über die seelischen Zustände des Menschen zu erlangen. Die Traumdeutung Freuds ist daher wichtiger Bestandteil der von ihm entwickelten Psychoanalyse.

In Seethalers „Trafikant" erfolgt jedoch keine Traumdeutung im freudschen Sinne, Franz Huchel hält seine Träume lediglich fest, ohne diese auszuwerten. Der aufmerksame Leser kann jedoch selbst die Bezüge zu Franz' Erfahrungen herstellen, so kann dieser Traum beispielsweise als Hinweis auf die von der Regierung ausgehende Gefahr gewertet werden, die Unheil über die Menschen bringt.

Da Franz der Traum nicht loslässt, schreibt er ihn aus Mangel an Kommunikationspartnern auf ein Plakat und klebt dieses spontan ins Schaufenster der Trafik. Versteht man Träume als Ausdruck des Seelenlebens, so stellt Franz Hu-

Traumdeutung

Zurschaustellung des Innenlebens

chel mit dem Plakat also sein Innenleben offen zur Schau. In einer Welt, die von Gleichschaltung und Massendenken geprägt ist, konzentriert Franz sich auf seine eigene Identität und veröffentlicht seine individuellen, ungefilterten Regungen sogar, wodurch er sich deutlich von der Masse abhebt.

Abschnitt 42 (S. 176, Z. 15 – S. 178, Z. 24) – Reaktionen auf das Traumplakat

Die Aufmerksamkeit verschiedener Passanten

Das Traumplakat im Schaufenster der Trafik erregt die Aufmerksamkeit verschiedener Passanten. Bei den meisten löst diese „aufgeklebte[…] Absonderlichkeit" (S. 176, Z. 15 f.) aber lediglich Unverständnis aus und wird nicht weiter beachtet. Ein Arbeiter spricht Franz jedoch auf den Zettel an und fragt, was dieser zu bedeuten habe, woraufhin Franz erklärt, dass er nichts Bestimmtes damit beabsichtige, aber „vielleicht könne so ein wildfremder, an eine Auslage geklebter „Traumzettel" irgendwann doch bei einem zufällig vorbeikommenden Betrachter etwas bewirken oder bewegen" (S. 178, Z. 15 ff.). Franz löst sich mit dem Aushängen des Traumplakates von den gängigen Konventionen und hofft, so vielleicht jemanden zum Nachdenken anzuregen, auch wenn er seine Träume selbst nicht wirklich zu deuten vermag. Die Veränderungen in der Gesellschaft, die sich für ihn in der Verhaftung Trsnjeks deutlich gezeigt haben, haben in ihm etwas bewegt, weshalb er neue Formen der Verarbeitung sucht.

Abschnitt 43 (S. 178, Z. 25 – S. 180, Z. 23) – Weitere Traumplakate

Weitere Reaktionen

Franz hängt nun jeden Morgen seine Traumzettel ins Schaufenster und erregt so die Neugier der Leute, die auf die unsortierten Texte teils mit Empörung reagieren. Einige jedoch werden „beim Lesen ein wenig nachdenklich" (S. 179, Z. 13), und so scheinen die Plakate in diesen Men-

schen tatsächlich etwas zu bewirken. Die zusammenge-
fassten Träume kreisen dabei unterschwellig alle um die
gefährlichen politischen Entwicklungen, Franz' Ablösung
von der Mutter und seine Erfahrungen mit Anezka. Dass
Franz sich durch diese Schriften auch in Gefahr begibt, da
sie ungefiltert die negativen Einflüsse der Nationalsozialisten aufzeigen, wird nicht weiter thematisiert.

Abschnitt 44 (S. 180, Z. 24 – S. 185, Z. 22) – Franz erkundigt sich nach Trsnjek

Eine Woche nach Trsnjeks Verhaftung versucht Franz, Kontakt zu ihm aufzunehmen, und erfährt, dass dieser von der
Geheimen Staatspolizei[1] festgehalten wird. Also begibt
sich Franz zum ehemaligen Hotel Metropol am Morzinplatz,

Heutiges Mahnmal am Morzinplatz

---

[1] Die Geheime Staatspolizei (Gestapo) war eine Sondereinheit, die das
Recht besaß, ohne richterliche Anordnung Grundrechte außer Kraft
zu setzen, z. B. Menschen zu bespitzeln, sie zu verhaften, zu foltern
und zu ermorden.

wo die Gestapo nun ihren Sitz hat, und gibt dort unverhohlen an, dass er „auf der Suche nach einem unschuldigen, nichtsdestotrotz aber mitgenommenen oder verhafteten oder verschleppten Trafikanten namens Otto Trsnjek" (S. 181, Z. 29 – S. 182, Z.2) sei. Trotz der überall präsenten Hakenkreuzfahnen hält er sich nicht zurück und geht ganz selbstverständlich davon aus, dass Trsnjek freigelassen wird. Der Portier teilt ihm jedoch mit, dass er ohne schriftliche Eingabe keine Auskünfte erhalte. Franz gibt allerdings nicht auf und kündigt an, nun jeden Tag zur selben Uhrzeit zu kommen, bis er etwas über den Inhaftierten erfahre und dieser freigelassen werde. Er beweist Durchhaltevermögen und begibt sich nun tatsächlich tagtäglich zum ehemaligen Hotel Metropol und fragt nach dem Verbleib Trsnjeks, bis der Portier schließlich ein kurzes Telefonat führt, woraufhin Franz von einem Mann in einem beigefarbenen Anzug gewaltsam aus dem Gebäude entfernt wird. Als er verletzt am Boden liegt, wird ihm gedroht, ebenfalls inhaftiert zu werden, sollte er weiterhin bei der Gestapo erscheinen.

Symbolhafter Zahnverlust Bei seinem Rauswurf hat Franz Verletzungen davongetragen; er verliert einen Schneidezahn, den er nun in seine Nachttischschublade legen will, „gleich neben die Karten und den Brief der Mutter und den kleinen Körper des aus der Nacht gefallenen Falters" (S. 185, Z. 20 ff.). Ebenso wie die Karten und der Falter[1] trägt der verlorene Zahn symbolische Bedeutung und kann als Vorausdeutung auf die Verletzungen gewertet werden, die Franz noch widerfahren werden und schließlich in seinem Tod münden.

---

[1] Vgl. hierzu Abschnitt 27, S. 55 f., 57.

Abschnitt 45 (S. 185, Z. 23 – S. 193, Z. 27) – Tod Trsnjeks

Die geschilderten Ereignisse des 17. Mai 1938, drei Wochen nach Franz' letztem Besuch bei der Gestapo und seinem gewaltsamen Rauswurf, sind in drei große Abschnitte gegliedert. Zunächst wird in einem Erzählerbericht (vgl. S. 185, Z. 23 – S. 187, Z. 12) das Treiben der Menschen beschrieben, die in dem herannahenden Sommer geschäftig ihren Dingen nachgehen. Alltägliche Erledigungen werden jedoch schon bald ohne Übergang von Beschreibungen der Schreckensherrschaft der Nationalsozialisten abgelöst, die in dem gleichen neutralen Ton wiedergegeben werden, wodurch deutlich wird, dass diese Handlungen nach dem Anschluss Österreichs ebenso alltäglich werden wie die Routine der Menschen. Im Keller der Gestapo werden fünfzehn Juden gefoltert und 452 politische Gefangene werden in das Konzentrationslager in Dachau deportiert, das nationalsozialistische Regime dominiert die gesellschaftlichen Strukturen. — *Dominanz der Nationalsozialisten*

In dem nächsten Textabschnitt (vgl. S. 187, Z. 13 – S. 189, Z. 14) begleitet der Leser den Postboten Heribert Pfründner auf seiner täglichen Postrunde und erfährt so, dass die Regierung mittlerweile bereits die Post kontrolliert und verdächtige Briefe beschlagnahmt. Vor dem Haus Freuds warten zwei Männer in Zivil und behalten an Freud adressierte Briefe ein. Nicht nur die mediale Berichterstattung wird also kontrolliert, zensiert und verfälscht,[1] sondern auch der private Informationsaustausch. — *Verletzung des Briefgeheimnisses*

Als der Briefträger die Trafik erreicht, wechselt die Erzähltechnik erneut und der Leser folgt in dem letzten Textabschnitt (vgl. S. 189, Z. 15 – S. 193, Z. 2) nun wieder dem personalen Erzähler mit der Innensicht der Figur Franz Huchel. Franz wird noch immer von verstörenden Träumen heimge- — *Franz' Reaktion auf die Todesbenachrichtigung*

---

[1] Vgl. hierzu Abschnitt 34, S. 65 f.

sucht, denkt aber auch weiterhin an Anezka. Von dem Briefträger bekommt er „heute sogar ein behördliches Packerl"
(S. 190, Z. 23), ein Paket der Gestapo, dem ein Brief beiliegt,
in dem er über den Tod Trsnjeks informiert wird. Der Trafikant sei an einem Herzleiden verstorben und bereits beige-
setzt worden. Nachträglich erfolgt zudem eine Auflistung
der Vergehen, derer sich Trsnjek angeblich schuldig gemacht hat, aus denen hervorgeht, dass er als politischer
Gegner gesehen worden ist. Franz wird weiterhin darüber
unterrichtet, dass er von nun an ermächtigt sei, „die vorläu-
fige Geschäftsführung der Tabaktrafik Trsnjek zu übernehmen" (S. 192, Z. 19), bis über die Vermögenswerte befunden
werde. Dem Paket liegen zudem die Wertsachen Trsnjeks
bei, die aus Kleidung, einer leeren Geldbörse, Schlüssel und
einem alten Foto des Trafikanten bestehen. Nachdem Franz
die persönlichen Gegenstände ausgiebig betrachtet hat,
zieht er sich in seine Kammer zurück und gibt sich der Trauer und Verzweiflung hin „und weinte, bis er keine Tränen
mehr hatte" (S. 193, Z. 27). Der Tod Trsnjeks ist ein prägen-
des Ereignis in Franz Huchels Leben, durch das der sonst
politisch passive junge Mann zum aktiven Widerständler
wird, der für seine Überzeugungen eintritt und so Verantwortung übernimmt. Die Hose des getöteten Trafikanten
Trsnjek wird dabei am Ende des Romans zum Symbol des
Widerstands und der Ablehnung der Willkür der Regierung.

**Abschnitt 46 (S. 193, Z. 28 – S. 196, Z. 9) – Konfronta-
tion Roßhubers**

Roßhubers
Schuld

Am Abend sucht Franz mit der Hose des verstorbenen Trsnjeks Roßhuber und seine Frau auf und konfrontiert sie mit
der Schuld, die sie auf sich geladen haben. Der Fleischermeister, der sich zunächst noch forsch zeigt, wird bei der
Nachricht über den Tod Trsnjeks passiv und wortlos. Auf
die Frage, was sie damit zu tun hätten, führt Franz ihnen in
einer Steigerung (Klimax) in klaren Worten ihre Schuld vor

Augen: „Ihr habt seine Trafik beschmiert […] Ihr habt ihn beschimpft. Ihr habt ihn verraten. Und ihr habt ihn erschlagen!" (S. 195, Z. 3 ff.) Der Fleischermeister zeigt sich angesichts dieser Worte sichtlich betroffen. Auch als seine Frau ihn auffordert, etwas zu sagen, bleibt Roßhuber stumm und lässt den Schlag ins Gesicht, den Franz ihm verpasst, wortlos über sich ergehen. Erst als Franz mit der Hose wieder verschwunden ist, regt er sich langsam wieder und vergräbt das Gesicht in seinen Händen. An dem Verhalten des Fleischers ist abzulesen, dass er erst jetzt die Folgen seines Handelns erkannt hat und über das Ausmaß schockiert ist. Die Hose des Getöteten wird in diesem Zusammenhang zum Mahnmal und führt deutlich die Schuld vor Augen, die Roßhuber durch sein gedankenloses Handeln auf sich geladen hat. An dem selbstbewussten Auftreten und Verhalten Franz Huchels lässt sich zudem erkennen, dass er den Tod des Trafikanten nicht einfach auf sich beruhen lassen wird. Die Konfrontation mit Roßhubers bildet den Auftakt des aktiven Widerstands.

Hose Trsnjeks als Mahnmal

Auftakt des aktiven Widerstands

Abschnitt 47 (S. 196, Z. 10 – S. 197, Z. 5) – Brief an die Mutter

In einem Brief unterrichtet Franz seine Mutter über den Tod Trsnjeks. Um sie zu schonen, hält er die Umstände seines Todes vor ihr zurück und berichtet stattdessen, er sei friedlich eingeschlafen und an einem Herzleiden gestorben.

Direkt zu Beginn des Briefes erwähnt Franz, er „hätte [ihr] gerne wieder eine Postkarte geschickt […]. Aber gewisse Worte vertragen keine Bilder" (S. 196, Z. 11 ff.). Der zunehmende Wissenszuwachs und die damit einhergehende Entwicklung eigener Wertvorstellungen sind auch eine Belastung, die jedoch nicht mehr abgelegt werden kann. Auch wenn er lieber eine belanglose Postkarte schreiben würde, muss er seine Mutter über den Tod des Trafikanten informieren.

Belastender Wissenszuwachs

Dass Franz ein ausgeprägtes politisches Bewusstsein erlangt hat, zeigt sich am Ende des Briefes. Er formuliert die Sorge, dass „alles auseinander[brechen]" (S. 196, Z. 28 f.) könnte, weiß aber auch, dass die Welt die Schrecken der Naziherrschaft hinter sich lassen wird, denn „[w]as bleibt, ist der See. Die Berge und die Wolken werden sich länger darin spiegeln als die paar dürren Hakenkreuzstangeln […]" (S. 196, Z. 29 – S. 197, Z. 2).

Abschnitt 48 (S. 197, Z. 6 – S. 202, Z. 23) – Die Rolle der Zeitungen zur NS-Zeit

Nach den Beschäftigungen des Tages treibt es Franz hinaus in die Natur und so begibt er sich auf den Kahlenberg, wo er seinen Gedanken freien Lauf lässt. Nachdem er die Zeitungslektüre aufgegeben hatte, da ihm die Gleichschaltung der Berichterstattung, die stark ideologisch gefärbt war, aufstieß,[1] hat er an diesem Tag „seit Langem wieder einmal Zeitung gelesen" (S. 198, Z. 21 f.) und er sinnt jetzt kritisch über die Einflussnahme der Medien nach, die ihm keine Ruhe lässt. Zu Beginn des Romans war das Lesen der verschiedenen Zeitungen, die unterschiedliche Sichtweisen präsentierten, eine Bereicherung, die Lektüre hat ihm „eine kleine Ahnung von den Möglichkeiten der Welt" (S. 29, Z. 5 f.) vermittelt. Seit seiner Ankunft in Wien und dem Beginn seines Trafikantendaseins sind nun etwa neun Monate vergangen, in denen er eine große Entwicklung vollzogen hat. Franz bringt in dem Gedanken „Wer nichts weiß, hat keine Sorgen" (S. 199, Z. 15) seinen eigenen Zustand auf den Punkt. Ihm wird bewusst, dass es „praktisch unmöglich [ist], das einmal Gewusste zu vergessen" (S. 199, Z. 18 f.). Die politische Situation bereitet ihm große Sorgen, durch den Tod Trsnjeks ist die unmittelbare Bedro-

Weitere Entwicklung Franz'

---

[1] Vgl. hierzu Abschnitt 39, S. 70 f.

hung greifbar geworden. Die Gleichschaltung der Zeitungen beschäftigt ihn daher sehr und er definiert die Schlagzeilen der Zeitungen als „[s]o viel Aufregung, so viel gedrucktes Geschrei" (S. 199, Z. 28 f.), die auf Emotionen abzielen und Propaganda verbreiten. Es folgt eine lange Aneinanderreihung von Schlagzeilen, wodurch die mangelnde Objektivität der Berichterstattung und die Manipulation des Volkes vor Augen geführt wird.

In der Abgeschiedenheit auf dem Kahlenberg überkommen Franz blitzlichtartige Eindrücke, er denkt u. a. an den Prater und die „Grotte" und nimmt Wien als „verrückt gewordene Stadt" (S. 201, Z.26) wahr, in der im negativen Sinne alles möglich ist (vgl. S. 201, Z. 27). Er weiß nun, dass die Regierung gewaltsam vorgeht und die Zustände sich weiter verschlechtern werden. Letztendlich gewinnt der Gedanke an Anezka überhand und Franz verlässt die Abgeschiedenheit des Kahlenbergs überstürzt und rennt verzweifelt los, da er fürchtet, auch Anezka könne in Gefahr sein.

Angst um Anezka

Abschnitt 49 (S. 202, Z. 24 – S. 209, Z. 13) – Letzte Begegnung mit Anezka

Eine Stunde nach seinem überstürzten Aufbruch kommt Franz atemlos an der „Grotte" an und stellt beim Betreten des Nachtlokals fest, dass Anezkas Auftritt bereits vorüber ist. Seit seinem letzten Besuch hat sich das Publikum sehr gewandelt, denn nun sitzen Soldaten in dem Lokal, die ihre Insignien offen zur Schau tragen. Der Unterhalter Heinzi wurde offenbar durch einen anderen Mann ersetzt, der Witze über Juden erzählt. Von der kabarettistischen Verhöhnung Hitlers und dem kritischen politischen Bewusstsein sind keine Spur mehr, das Lokal scheint sich an die gegebenen Umstände angepasst zu haben und nun Unterhaltung für Regimeanhänger zu bieten. Der ehemals gesellschaftsfreie Raum ist öffentlich geworden, die dominierenden Wertvorstellungen gelten auch hier.

Veränderung des Programms in der „Grotte"

Franz begibt sich hinter die Bühne, wo er in einer Gardero-
be Anezka entdeckt. Aufgewühlt fragt er sie, wo Heinzi sei,
woraufhin ihm Anezka gleichgültig mitteilt, er sei wegen
seiner Parodie Hitlers „[w]eg. Mitgenommen von der Gestapo" (S. 204, Z. 4 f.). Franz nimmt die Verhaftung betroffen zur Kenntnis und geht davon aus, dass den Kabarettis-
ten das gleiche Schicksal ereilen wird wie Trsnjek. An dieser Stelle zeigt sich deutlich die Desillusionierung der
Hauptfigur. Franz sieht die Gegenwart nun realistisch und
versucht, Anezka den gefährlichen Zustand in Wien zu er-
klären, wobei er drastische Bilder benutzt. Er erklärt ihr, „in
Wien hat es sich ausgetanzt, und im Prater geht die schwarze Pest um" (S. 206, Z. 13 f.), womit die SS-Leute gemeint
sind, die schwarze Uniformen tragen und nur darauf warten, „den nächsten Trafikanten oder Juden oder Witzeer-
zähler ins Feuer zu schmeißen" (S. 206, Z. 16 f.). Mit der Me-
tapher „schwarze Pest" wird ein Bezug hergestellt zu dem
„Pestvogel" (S. 137, 20), mit dem Freud in der Vergangenheit symbolisch die politische Entwicklung vorausgedeutet
hat.

Aus diesem Zustand leitet er die Notwendigkeit ab, Wien zu
verlassen. Er bietet ihr an, den Gefahren gemeinsam zu
entfliehen, und macht ihr einen Heiratsantrag. Franz
durchschaut die Gefahren, die von den Nationalsozialisten
für Andersdenkende und Minderheiten ausgehen, sein Ap-
pell zur Flucht resultiert also nicht so sehr aus Liebe (vgl.
S. 206, Z. 17 ff.), sondern weil er glaubt, Anezka aus Lebens-
gefahr retten zu müssen. Seine emotionale Betroffenheit
zeigt sich dabei deutlich in der aufgelösten Syntax. Dabei
weiß auch er unbewusst, dass die Vision eines gemeinsamen Lebens nicht mehr als eine Illusion ist, da der von ihm
vorgeschlagene Zufluchtsort „hinter den dunklen Hügel[n]"
(S. 206, Z. 22 f.) sehr an eine märchenhafte Vorstellung erinnert, die nichts mit der Realität gemein hat. Genau in diesem Moment tritt jedoch ein SS-Mann ein. Franz schätzt die

Situation zunächst falsch ein und denkt, Anezka solle verhaftet werden, weshalb er versucht, sie zu verteidigen, und sich dem Soldaten verbal entgegenstellt. Die Situation löst sich jedoch auf, als Anezka sich, ohne ein Wort an Franz zu richten, in die Arme des Mannes begibt und somit ihr intimes Verhältnis preisgibt. Die junge Frau zeigt sich in diesem Abschnitt wenig einfühlsam. Ihr Verhalten ist verletzend und sie geht auf die aufrichtigen Worte Franz Huchels nicht im Ansatz ein. Stattdessen kokettiert sie in den Armen des SS-Mannes, woraufhin Franz die „Grotte" verlässt. Ihm wird klar, dass er von Anezka nichts zu erwarten hat. Die von ihm ursprünglich erwartete Liebe verkommt erneut zur austauschbaren Ware.

Abschnitt 50 (S. 209, Z. 14 – S. 213, Z. 10) – Nachricht über den bevorstehenden Weggang Freuds

Wie auch in Abschnitt 45, in dem Franz von dem Tod Trsnjeks erfährt,[1] geht der Nachricht vom bevorstehenden Weggang Freuds eine Schilderung aus der Innensicht des Postboten Heribert Pfründner voraus, der in beiden Fällen die bedeutsame Nachricht bringt, sodass durch die Erzähltechnik eine Verknüpfung dieser beiden Abschnitte entsteht.

Besonderheit der Erzähltechnik

Während seiner Postrunde denkt Pfründner über die Veränderungen nach, die eingetreten sind, „[s]eitdem die Nazis mittlerweile in ganz Wien […] endgültig das Sagen haben" (S. 209, Z. 10 ff.), und er sieht einige Dinge durchaus kritisch; dennoch ist sein Handeln von blinder Folgsamkeit geprägt, da er der Meinung ist, „[w]enn der Führer […] nicht wüsste, was er macht, wäre er schließlich kein Führer, sondern allerhöchstens Bürgermeister" (S. 210, Z. 4 ff.). Die Verfolgung der Juden bezeichnet er als „Sauerei" (S. 210, Z. 15), und auch die „ungute Sache mit den Briefen" (S. 210,

Pfründner als exemplarischer Dulder

---

[1] Vgl. S. 77 f.

Z. 19), das Verletzen des Postgeheimnisses, beschäftigt ihn. Pfründner registriert also die Verbrechen der Nationalsozialisten, nimmt sie aber hin, da sie ihn nicht persönlich betreffen oder einschränken, und wird so symbolisch zum Todesboten. An seinem Verhalten wird exemplarisch das Handeln vieler Menschen in der Zeit des Nationalsozialismus aufgezeigt.

Abhebung von der Masse

Als er die Trafik mit einem floskelhaft genuschelten „Heilitler!" (S. 211, Z. 19) betritt, gibt Franz seine Ablehnung offen preis mit der Entgegnung: „[D]en Hitler können Sie sich sonstwo hinstecken, ansonsten wünsche ich Ihnen einen guten Morgen!" (S. 211, Z. 24 f.) Franz Huchel hebt sich mit seinem Verhalten deutlich von der Masse ab, da er aus seiner Ablehnung Hitlers keinen Hehl macht und sie offen verbalisiert.

Von dem sensationslüsternen Postboten erfährt Franz, dass Professor Freud im Begriff ist, Wien wegen der sich zuspitzenden Judenverfolgung bereits am kommenden Tag zu verlassen.

Abschnitt 51 (S. 213, Z. 11 – S. 230, Z. 18) – Abschied von Freud

Einschränkungen Freuds

Nachdem Franz „drei besonders schöne" (S. 213, Z. 20) Zigarren ausgewählt hat, begibt er sich zu Freuds Haus in der Berggasse, welches von zwei Gestapomännern in Zivil bewacht wird. Da diese ihm den Zutritt mit den Worten „Für Juden hat es sich endgültig ausgespielt. Und deswegen schleichst du dich jetzt wieder" (S. 214, Z. 22 f.) verweigern, verschafft Franz sich unbemerkt über einen Kohlenkeller Zugang. Durch diese Schilderungen wird noch einmal deutlich, wie sehr Freud als Jude in seinen Rechten eingeschränkt ist – Umstände, die sein Weggehen erzwingen.

Vertrautheit der Figuren

Freuds Tochter Anna lässt Franz Huchel ein und führt ihn zu ihrem Vater, welcher geschwächt auf der Couch seines einstigen Therapiezimmers liegt. Seine körperliche Verfassung hat sich deutlich verschlechtert und fungiert so als Spiegel der äußerlichen Umstände, die ihm als Juden sehr zusetzen. Emotionslos bestätigt er, dass er Wien verlassen und nach England gehen werde. Erst als Franz ihm die mitgebrachten Zigarren präsentiert, wird er aktiver und sein „Gesicht hellt[…] sich auf" (S. 219, Z. 19). Eine der Zigarren bewahrt er für seine Ankunft in England auf, für die „ersten Züge in Freiheit!" (S. 220, Z. 5 f.). Die anderen beiden möchte er mit Franz, der noch nie eine Zigarre genossen hat, gemeinsam rauchen. In dieser gemeinsamen Aktion auf der Couch des Professors, auf der sie nebeneinandersitzen, zeigen sich die Nähe und Verbundenheit der beiden Figuren, die nun Abschied nehmen müssen. Freud übermittelt Franz seine aufrichtige Anteilnahme bezüglich des Todes Trsnjeks und Franz zeigt sich dem Professor gegenüber sehr fürsorglich, was die Vertrautheit der beiden weiter unterstreicht. Dass die beiden gerade auf der Couch des Therapeuten sitzen, auf der er viele Jahre seine Patienten behandelt hat und die nun keine Funktion mehr hat, zeigt die zerstörerische Kraft der politischen Verhältnisse.

Wie bereits in den vorangegangenen Gesprächen gelangt Franz durch die Fragen Freuds zu einem besseren Selbstverständnis und erkennt nun, dass die Gefühle für Anezka „ein riesengroßer Irrtum" (S. 222, Z. 30) gewesen sind. Gleichermaßen gelingt es ihm nun, seinen eigenen Zustand zu verbalisieren, und er erklärt, er „komme [sich] vor wie ein Boot, das im Gewitter seine Ruder verloren hat und jetzt ganz blöd von da nach dort treibt" (S. 223, Z. 21 ff.). Nach Trsnjek verliert Franz nun auch Freud, der für ihn in Wien zum wichtigsten Ratgeber geworden ist. *Selbstreflexion*

Freud geht auf die Gedanken des jungen Mannes ein und ermutigt ihn, nicht aufzugeben, denn „mit viel Mut oder Beharrlichkeit oder Dummheit oder am besten mit allem zusammen kann man hie und da selber ein Zeichen setzen!" (S. 224, Z. 5 ff.). Mit dieser Aussage zeigt er Franz, der *Zeichen setzen* droht, an seinem Leid zu verzweifeln, den Sinn des Lebens auf, indem er ihm eine neue Aufgabe gibt, welche dieser später wörtlich in die Tat umsetzt, wenn er mit der Hose Trsnjeks ein Zeichen setzt.[1]

Weberknecht als Symbol Im Verlauf des Gesprächs beobachten die beiden Männer immer wieder einen Weberknecht[2], der an der Decke sitzt. Freud bringt seine Ohnmacht und Wut über seine Situation zum Ausdruck, als er dem Tier mit Fäusten droht und schreit: „Warum um alles in der Welt darf der hierbleiben, während ich, der weltberühmte Begründer der Psychoanalyse, gehen muss!" (S. 224, Z. 26 ff.) Der Weberknecht wird so zum Symbol der Hilflosigkeit. Selbst für den gelehrten Mann sind die Vorgänge unbegreiflich; um sich selbst und seine Familie zu schützen, beugt er sich aber den Umständen und verlässt Wien. Nach seinem Ausbruch ist Freud auffällig ruhig und Franz bestreitet das Gespräch allein, indem er ihm seine Gedanken zu verschiedenen Bereichen mitteilt. Schließlich versucht er, sich selbst zu vergewissern, dass Freuds Weggang nur vorübergehend ist, weshalb er von seiner Rückkehr in Aussagesätzen spricht: „Und Sie kommen ja zurück. In jedem Fall und ganz bestimmt kommen Sie zurück." (S. 228, Z. 1 f.) In seinem Inneren hat aber auch Franz begriffen, dass Freuds Ausreise endgültig sein wird, weshalb er mit zittriger Stimme schließlich die Frage „Sie kommen doch zurück, oder?" (S. 229, Z. 19 f.) stellt, auf die er jedoch keine Antwort mehr erhält, da Freud eingeschlafen ist. Als Franz noch einmal zur Decke blickt, ist der Weberknecht nicht mehr da und dieser nimmt so das endgültige Verschwinden Freuds aus Franz Huchels Leben vorweg.

---

[1] Vgl. S. 90 f.
[2] Spinnentier

Abschnitt 52 (S. 230, Z. 19 – S. 233, Z. 10) – Emigration Freuds

Am nächsten Nachmittag, am 4. Juni 1938, verlässt Freud mit seiner Familie Wien,[1] nachdem sie „die Reichsfluchtsteuer, fast ein Drittel des gesamten Familienvermögens" (S. 233, Z. 26 f.), verrichtet haben. Der Leser erfährt, dass der alte Mann achtzig Jahre seines Lebens in Wien verbracht hat, was die Emotionalität dieses Moments

Sigmund und Anna Freud bei ihrer Ankunft in Paris am 5. Juni 1938 auf dem Weg nach London

noch einmal hervorhebt und die unmenschliche Herrschaft der Nationalsozialisten durch diese einfache Information noch einmal aufzeigt.

Freud selbst tritt bei der Ausreise eher in den Hintergrund, es ist seine patente Tochter Anna, die die Ausreise der Familie vorbereitet hat und nun Sorge trägt, dass alles planmäßig verläuft. Freud hingegen erscheint zögerlich, er will „aus irgendwelchen Gründen partout als Letzter [in den Zug] einsteigen" (S. 232, Z. 12 f.) und lässt sich ungern dabei helfen. Schließlich ist es dann aber doch seine Tochter, die den Zug zuletzt besteigt. Als sie den Blick ein letztes Mal über den Bahnsteig schweifen lässt, sieht sie Franz, der sie aus der Entfernung beobachtet und so auf seine Weise Abschied nimmt. Familie Freud gelingt die „Flucht vor den Nationalsozialisten" (S. 232, Z. 4) und sie entgeht somit dem Schicksal, das viele andere Juden ereilt.

---

[1] Auch an dieser Stelle des Romans erfolgt eine Vermischung von Fiktion und Wirklichkeit, da Freud tatsächlich am 4. Juni 1938 emigrierte.

Abschnitt 53 (S. 233, Z. 11 – S. 237, Z. 15) – Franz Huchel nach dem Verlassen von Freuds Haus

Wetter als Spiegel innerer Zustände

Der Leser erfährt nun, wie es Franz nach dem letzten Treffen mit Freud ergangen ist: Bereits beim Verlassen des Hauses verspürt er erste Anzeichen einer Übelkeit, die sich schnell steigert. Nicht nur sein körperlicher Zustand ist miserabel, welcher in enger Verbindung mit Franz' Gefühl des Zurückbleibens und Verlassenseins steht, auch das Wetter spiegelt seinen inneren und politischen Zustand wider: „Der Regen prasselte ihm ins Gesicht, die Berggasse hatte sich in einen Sturzbach verwandelt, und aus den Kanaldeckeln blubberte eine braune Suppe." (S. 234, Z. 8 ff.) Auch wenn Franz beim Verlassen des Hauses beobachtet wird, lässt man ihn unbehelligt gehen.

Hutmetaphorik

Franz verbringt die Zeit bis zu Freuds Abreise in der Trafik, wo ihn weiterhin Übelkeit und verstörende Träume plagen. Erst am nächsten Nachmittag fühlt er sich in der Lage, aufzustehen, und er begibt sich zum Bahnhof, wo er Freud beim Besteigen des Zuges beobachtet. Dabei entgeht es ihm nicht, dass Freud die Reise sichtlich betroffen antritt. Beim Einsteigen hält seine Hand „den Hut auf dem Kopf fest" (S. 235, Z. 17 f.), sodass dieser nicht wegfliegt.[1] Das Aufbehalten der Kopfbedeckung veranschaulicht, dass Freud der Gewalt der Nationalsozialisten entgeht, auch wenn er dafür große Opfer bringen muss.

Gefühlswelt Franz Huchels

Als der Zug den Bahnhof verlassen hat, wird durch das personale Erzählverhalten die Gefühlswelt des Protagonisten geschildert. Franz fühlt sich allein und weiß nicht, wie er mit den Verlusten der für ihn so wichtigen Menschen – nach Trsnjek nun auch Freud, auch die Mutter ist in der Ferne – umgehen soll. Beim Verlassen des Bahnhofes muss er durch den Anblick der Gaslaterne unwillkürlich an seine Ankunft in Wien denken, die nun etwa ein Dreivierteljahr

---

[1] Vgl. zur Bedeutung der Hutmetaphorik Abschnitt 31, S. 61 ff.

zurückliegt. Franz sieht sich in seiner Erinnerung selbst als „komischen Buben" (S. 236, Z. 15), der unerfahren nach Wien gekommen ist, und erkennt, „dass es diesen Buben nicht mehr gab. [...] Irgendwie fühlte es sich an, als wäre er vor der Zeit aus sich selbst rausgewachsen" (S. 236, Z. 19 ff.). Ihm wird nun selbst bewusst, dass er endgültig erwachsen geworden ist, wobei der Prozess durch die gegebenen Umstände für ihn zu schnell gegangen ist.

Die Entwicklung Franz Huchels

Franz bei seiner Ankunft in Wien	Franz nach der Abreise Freuds
unwissend, kindlich, unerfahren, naiv, verträumt, auf Trsnjek angewiesen, unentschlossen	kritisches Denken, aufgeklärt, realistisch, verantwortungsvoll, eigene Meinung, selbstständig
Entwicklung vom Kind zum Erwachsenen	

In Franz Huchel reift nun ein Entschluss heran. Er erinnert sich an die Aussage Freuds „[v]ielleicht könne man da und dort ein Zeichen setzen [...] ein kleines Licht in der Dunkelheit" (S. 237, Z. 9 ff.), und er macht sich dies zur Aufgabe. Für Franz gibt es keine Handlungsalternative, er verspürt den tiefen Drang, für seine Werte und Überzeugungen einzustehen und diese nach außen zu transportieren. Dieser Gedanke des Zeichensetzens ist der letzte Gedanke Franz Huchels vor seiner Verhaftung, den der Leser mitverfolgen kann, da die letzten Abschnitte eine erneute Änderung im Erzählverhalten vorweisen und das Vergehen, welches Franz von den Nationalsozialisten zur Last gelegt wird, nicht aus seiner Sicht geschildert wird. Da Franz bereits mit den Traumplakaten gegen Konventionen verstoßen hat, lässt sich erwarten, dass er in seinem Bestreben, ein Zeichen zu setzen, zu noch drastischeren Mitteln greifen wird.

Heranreifen des Plans

Perspektivwechsel

Abschnitt 54 (S. 237, Z. 16 – S. 243, Z. 3) – Das Hissen von Trsnjeks Hose als Zeichen

Anonyme Augenzeugin

Durch den Wechsel des Erzählverhaltens verfolgt der Leser nun aus der Außensicht eine anonyme Augenzeugin, die die Geschehnisse der Nacht und des Morgens schildert. Sie befindet sich offensichtlich beim Einkaufen und teilt dabei ihrem Gegenüber ihre Gedanken und Informationen zu den neuesten Vorfällen mit. Das eigentliche Geschehen, das Hissen der einbeinigen Hose vor dem Gestapogebäude, wird dabei verzögert geschildert. Zunächst philosophiert sie über Eigenarten der Menschen und fasst den Zeitgeist der Wiener Bevölkerung in Worte, wenn sie sagt: „Die Ahnungslosigkeit ist ja praktisch das Gebot der Stunde, das Nichtwissen das Leitmotiv der Zeit. Da kann man schon einmal hinschauen, ohne was gesehen zu haben." (S. 238, Z. 5 ff.) Die in der Aussage enthaltene Antithese bzw. Paradoxie verdeutlicht dabei erneut das Verhalten vieler Menschen in der Zeit des Nationalsozialismus, nämlich hinzuschauen, ohne etwas sehen zu wollen.

Hinschauen, ohne etwas zu sehen

Trsnjeks Hose als Symbol

Schließlich schildert sie, was in der Nacht vorgefallen ist, wobei sie betont, dass die genauen Umstände des Geschehens nicht bekannt sind. Vor dem Hotel Metropol habe ein Mann eine der Hakenkreuzfahnen vom Mast geholt und dort stattdessen eine Hose gehisst. Der Vorfall sei von den Männern der Gestapo erst am nächsten Morgen entdeckt worden, sodass die im Wind wehende Hose einen Aufruhr verursacht habe. Bevor die Hose habe abgenommen werden können, habe sie sich noch einmal im Wind aufgestellt und sie habe ausgesehen „wie ein Zeigefinger. Wie ein riesiger Zeigefinger, der den Leuten einen Weg weist. Wohin der genau gezeigt haben soll, bleibt natürlich [...] Spekulation. In jedem Fall aber weg, wenn Sie mich fragen, weit, weit weg" (S. 242, Z. 24 ff.).

Franz Huchel hat sein Anliegen, ein Zeichen zu setzen, also in die Tat umgesetzt, die Hose Trsnjeks wird zum Mahnmal des unmenschlichen Vorgehens der Nationalsozialisten und zum Symbol der Wertvorstellungen, die Franz in seinem Reifeprozess entwickelt hat. Dabei übernimmt er die Verantwortung, für diese Werte einzustehen, ohne von den Konsequenzen abgehalten zu werten. Franz zeigt sich in seinem Verhalten als starker junger Mann, der sich den Begebenheiten der Zeit nicht beugt und sich dem Zeitgeist widersetzt.

Abschnitt 55 (S. 243, Z. 4 – S. 244, Z. 30) – Vorahnungen der Mutter

An dieser Stelle ändern sich erneut die Erzählperspektive und das Erzählverhalten. Der Erzähler schildert die Empfindungen von Frau Huchel, die eine „merkwürdige Unruhe" (S. 243, Z. 7) verspürt und die Nacht schlaflos verbringt. Sie empfindet eine gewisse Einsamkeit und es wird deutlich, dass sie sich erneut gegen den aufdringlichen Wirt, ihren Arbeitgeber, wehren musste. Dieser lässt sich nun aber nicht mehr von ihrem Hinweis auf ihren angeblichen Freund, eine Obersturmbannführer, abschrecken, sodass sie sich ihm aktiv widersetzen muss und ihm mit einem Küchenmesser droht. Wieder zeigt sich Frau Huchel als resolute und starke Frau, die lieber ihre Arbeitsstelle verliert, als sich selbst zu verraten, indem sie dem Wirt gefällig ist. In der Nacht aber wirkt sie verletzlich und unsicher. Schließlich treibt es sie an den See hinaus, wo sich zeigt, dass sie von der Sorge um ihren Sohn erfüllt ist. Franz' Mutter scheint zu spüren, dass ihr Sohn sich in Gefahr befindet, was ein weiteres Mal die enge Bindung zwischen Mutter und Sohn hervorhebt. Sorgenvoll sendet sie die Frage „Mein Bub [...] Wo bist du, mein Bub?" (S. 244, Z. 28 ff.) in die Stille, wodurch der Leser auf die bevorstehende Katastrophe vorbereitet wird.

Perspektivwechsel

Enge Bindung von Mutter und Sohn

Abschnitt 56 (S. 245, Z. 1 – 29) – Franz am Morgen nach dem Hissen der Hose

Franz erwacht am Morgen und geht seiner täglichen Routine nach. Er schreibt ein neues Traumplakat und denkt über Alltägliches nach; auch wenn der Erzähler nunmehr die Innensicht des Protagonisten eingenommen hat, wird das Hissen der Hose vor dem Gestapogebäude völlig ausgespart. Als Franz Huchel gerade dabei ist, seinen Traumzettel zu befestigen, hört er ein herannahendes Auto, schließlich hält „ein dunkler Wagen" (S. 245, Z. 27) vor der Trafik. Die Schilderung erinnert stark an die Verhaftung Trsnjeks.[1] Wie bereits in Abschnitt 36 sind drei Männer, „unter ihnen der Beamte mit dem verhärmten Gesicht" (S. 245, Z. 28 f.), der bereits Trsnjek festgenommen hat, gekommen, um den jungen Trafikanten zu verhaften.

Abschnitt 57 (S. 246, Z. 1 – S. 247, Z. 19) – Die Verhaftung Franz Huchels

Geranie als Symbol

Ohne weitere Erklärung ist beiden Seiten klar, dass die Männer der Gestapo gekommen sind, um Franz zu verhaften. Bevor er abgeführt wird, wird ihm noch die Zeit eingeräumt, seinen letzten Traumzettel ins Schaufenster zu hängen. Währenddessen öffnet sich ein Fenster des gegenüberliegenden Hauses und „eine Hand mit einer Schere erschien und schnitt einer Geranie ihren Blütenkopf ab" (S. 246, Z. 15.). Seethaler verwendet an dieser Stelle das gleiche sprachliche Bild wie zu Beginn des Romans,[2] wobei die geköpfte Geranie den Tod Franz Huchels symbolisiert. Er übernimmt damit ein Element aus der Traumdeutung. Demnach verweist eine (rote) Geranie auf ein zukünftiges positives Ereignis. Die Tatsache, dass die Geranie abgeschnitten wird, verkehrt diese Deutung in ihr Gegenteil.

---

[1] Vgl. Abschnitt 36, S. 67 f.
[2] Vgl. Abschnitt 1, S. 12.

Als „der Verhärmte" (S. 246, Z. 26 f.) Franz – wie bereits bei der Verhaftung Trsnjeks – mit „Burschi" anspricht, besteht dieser mit den Worten „Außerdem heiße ich Franz. Franz Huchel aus Nußdorf am See!" (S. 246, Z. 29 f.) auf seine Individualität und Persönlichkeit. Der Gestapomann stellt jedoch klar, dass diese von nun an keine Rolle mehr spielt: „[Sie] machen da keine Unterschiede. Im Hotel Metropol sind alle Gäste gleich." (S. 247, Z. 4 f.) Das Leben Franz Huchels ist verwirkt, so bleibt es ihm nur noch, die Trafik sorgfältig abzusperren, bevor er abgeführt wird.

Abschnitt 58 (S. 247, Z. 20 – S. 250, Z. 23) – Anezka kehrt 1945 zur Trafik zurück

Nachdem die Handlung des Romans zuvor meist chronologisch ohne größere Lücken geschildert worden ist, erfolgt nun ein größerer Zeitsprung in das Jahr 1945. Am Morgen des 12. März nähert sich eine Gestalt der Trafik, die schließlich zunächst durch ihre große Zahnlücke als Anezka zu identifizieren ist und dann auch namentlich benannt wird. Anezka besucht die verlassene Trafik und wirft einen Blick durch die Scheiben; der Verkaufsraum scheint seit langer Zeit verlassen zu sein und ihr Blick fällt schließlich auf den Traumzettel, den Franz am Tag seiner Verhaftung unvollendet ins Schaufenster geklebt hat. Die Schrift wird dabei als „fast wie von Kinderhand hingekritzelt" (S. 250, Z. 2 f.) beschrieben, wodurch noch einmal die Entwicklung des Kindes zum Mann, die gerade erst stattgefunden hat, als Franz den Unruhen der Zeit zum Opfer gefallen ist, betont wird.

Auch Anezka scheint sich verändert zu haben, da sie in ihrem Handeln emotionaler und sentimentaler wirkt. Sie steckt den Zettel, von dem sie intuitiv weiß, dass er von Franz stammt, in die Manteltasche und „tippte mit dem Finger sanft gegen die Scheibe" (S. 250, Z. 13 f.), eine Geste des Bedauerns und Abschiednehmens. Aus welchem Grund Anezka nach so vielen Jahren die Trafik noch einmal

Größerer Zeitsprung

Veränderung Anezkas

aufsucht, wird nicht preisgegeben, ihre Beweggründe überlässt der Autor der Interpretation des Lesers.

Angriff der Alliierten Der Roman endet mit den sich nähernden Flugzeugen der Alliierten, die den schwersten Luftangriff auf die Stadt Wien ankündigen, der die Stadt sieben Jahre nach dem Anschluss Österreichs getroffen hat. Seethaler hat also nicht das Kriegsende als Abschluss seines Romans gewählt, sondern lässt die Handlung auf dem Höhepunkt der kriegerischen Zerstörung enden, wobei der Leser mit offenen Fragen zurückgelassen wird.

Hintergründe

Der Autor Robert Seethaler

Robert Seethaler wird am 7. August 1966 in Wien geboren, Werdegang wo er bereits im Alter von 15 Jahren die Schule verlässt. Er besucht die Schauspielschule des Wiener Volkstheaters und wirkt anschließend in einigen Theaterstücken mit. Sein Wirkungsbereich weitet sich auf das Schreiben von Drehbüchern aus und Seethaler steht als Schauspieler auch für Fernseh- und Kinofilme vor der Kamera und spielt in diversen Fernsehserien mit. Im Jahr 2005 erhält er für den Film „Heartbreakin'" mit dem Tankred-Dorst-Drehbuchpreis den ersten großen Preis seiner Karriere.

Seethaler holt aus eigenem Antrieb sein Abitur nach und beginnt ein Psychologiestudium und zeigt großes Interesse an Freuds Psychoanalyse, welches sich in seinem späteren Roman „Der Trafikant" deutlich abzeichnet. Trotz guter Noten bricht er das Studium jedoch zugunsten seiner literarischen Tätigkeit, die immer mehr Raum einnimmt, ab.

2006 erscheint Seethalers erster Roman „Die Biene und der Erster Roman Kurt", eine Geschichte zweier Außenseiter, einem 16-jähri-

gen unattraktiven Mädchen und einem erfolglosen Schla-
gersänger, die nach ihrem Kennenlernen gemeinsam durch
die Provinz touren und auf der Suche nach der Liebe sind.
Seethaler kreiert in seinem ersten Roman eine Geschichte
der Sehnsucht und Freiheit und versteht es bereits hier,
sympathische Figuren zu schaffen, die dem Leser nahege-
hen. Für diesen Roman erhält er den „Debütpreis des Bud-
denbrookhauses".

Weitere Werke Es folgen die Romane „Die weiteren Aussichten" (2008) und
„Jetzt wird's ernst" (2010), die wie alle anderen seiner pub-
lizierten Romane im Kein & Aber Verlag erscheinen. Durch
sein literarisches Schaffen erhält Seethaler verschiedene
Stipendien, u. a. das Staatsstipendium der österreichischen Bundesregierung. Auch als Drehbuchautor ist er weiterhin erfolgreich und erhält den Grimme-Preis für den
Film „Die zweite Frau".

„Der Trafikant" Als im Jahr 2012 der Roman „Der Trafikant" erscheint, kann
als großer Erfolg Seethaler den ersten großen kommerziellen Erfolg verbu-
chen. Seine Geschichte um den jungen Franz Huchel wird
zum internationalen Bestseller und erfreut sich großer Be-
liebtheit beim Publikum. Auch das öffentliche Interesse an
Seethaler als Autor wächst und er gibt Interviews, in denen
er sich u. a. zur Figur Sigmund Freud äußert. Seethaler
schreibt zu dem Roman zusätzlich eine Theaterfassung,
die auf verschiedenen Bühnen inszeniert wird.

Roman „Ein Auch der Folgeroman „Ein ganzes Leben", der im Jahr 2014
ganzes Leben" erscheint, ist ein großer Erfolg. Seethaler skizziert das be-
wegende Leben eines einfachen Mannes, der trotz harter
Arbeit ein ärmliches Leben führt, in der Beziehung zu einer
Magd aber persönliches Glück findet, welches jedoch keinen Bestand hat, da eine Katastrophe in Form einer
Schneelawine alles, was er hat, zerstört. Die Liebe seines
Lebens, Marie, kommt ums Leben und der Protagonist Andreas Egger steht vor dem Nichts.

Das Ensemble von „Der Trafikant": Lukas Watzl, Stefan Suske, Nils Rovira-Muñoz, Elzemarieke de Vos und Klaus Huhle

2018 erscheint Seethalers vielbeachteter Roman „Das Feld".

Seit Beginn seines literarischen Schaffens hat Seethaler, der überwiegend in Wien lebt, eine Vielzahl von Preisen und Ehrungen erhalten.

Vierzahl an Preisen

Seethaler selbst gibt in verschiedenen Interviews u. a. auch Auskünfte über seine eigenen Schreibprozesse und äußert sich zu seinen Figuren. Er erklärt in einem Interview, das in der Zeitschrift „Psychologie Heute" erschien, dass sein Schreibprozess nebelhaft im Unbewussten beginne. Er folge beim Schreiben Stück für Stück Bildern und Geschehnissen, die sich dann entwickeln. Zudem verweist er darauf, dass jeder Autor immer nur aus seinem eigenen Erfahrungsschatz schöpfen könne. Eine Achtsamkeit sich selbst gegenüber sei der Schlüssel zur literarischen Figur, sodass er seinen Figuren sehr nahe sei. Über die Naivität seiner Figuren, welche auch Franz Huchel teilweise kennzeichnet, sagt er, dass sie eigentlich Offenheit sei.

Seethaler über das Schreiben

Claudia Prinz: Der Anschluss Österreichs und der historische Hintergrund des Romans

In Robert Seethalers Roman „Der Trafikant" findet immer wieder eine Mischung von Fiktion und tatsächlichen historischen Begebenheiten statt, so stimmen die genannten Jahreszahlen mit den historischen Ereignissen überein, gewählte Straßennamen (vgl. Freuds Haus in der Berggasse) und die Verortung des Gestapoquartiers im ehemaligen Hotel Metropol entsprechen historischen Fakten. Auch die wissenschaftlichen Errungenschaften Freuds im Bereich der Psychoanalyse und der Traumdeutung finden in dem Roman Berücksichtigung. Im Folgenden werden zum besseren Verständnis die historischen Hintergründe knapp erläutert.

Österreich nach dem Ersten Weltkrieg

„Nach dem Ende des Ersten Weltkriegs und dem Zerfall der Habsburgermonarchie erwarteten große Teile der Bevölkerung sowohl im Deutschen Reich als auch in der […] neu gegründeten Republik Österreich die Vereinigung dieser beiden Staaten. Da die alliierten Siegermächte dadurch eine Stärkung Deutschlands und Österreichs erwarteten, untersagten sie den Zusammenschluss in den Verträgen von Versailles und Saint Germain. Die Fraktion der Befürworter blieb in der Zwischenkriegszeit in beiden Staaten stark. Nach der Machtübernahme der Nationalsozialistischen Deutschen Arbeiterpartei (NSDAP) im Deutschen Reich am 30. Januar 1933 strebte auch ihre terroristisch agierende österreichische Schwesterpartei eine ähnliche ‚Machtergreifung' an, wurde im Juni 1933 aber verboten.

Putschversuch der österreichischen Nationalsozialisten

Am 25. Juli 1934 unternahmen die österreichischen Nationalsozialisten einen Putschversuch, dem der Bundeskanzler Engelbert Dollfuß zum Opfer fiel. Adolf Hitler entzog den Putschisten seine Unterstützung erst, als Benito Mus-

solini[1] am Brenner[2] italienische Truppen aufmarschieren
ließ, um die österreichische Unabhängigkeit zu sichern.
Nachdem Italien sich durch seine Expansionspolitik jedoch ins internationale Abseits gebracht hatte, erklärte
Mussolini dem deutschen Botschafter in Rom, Ulrich von
Hassell, im Januar 1936, er habe nichts mehr dagegen ein-
zuwenden, dass Österreich ein deutscher Satellitenstaat
werde. Als Konsequenz der deutsch-italienischen Annähe-
rung sah das auf seine staatliche Unabhängigkeit bedach-
te Österreich sich gezwungen, sich in Innen- und Außenpolitik stärker am Deutschen Reich zu orientieren.

Der Vierjahresplan[3], personelle Umbesetzungen im Aus-
wärtigen Amt und die Schaffung der Wehrmacht [eine
Umetikettierung der ehemaligen Reichswehr] waren Teile
der längerfristigen Kriegsvorbereitungen des NS-Regimes,
die auch ein wirkungsvolles Drohpotenzial gegen Österreich darstellten. Als diese Vorbedingungen für die gewaltsame Verwirklichung der Expansionspläne in Ostmitteleu-
ropa geschaffen waren, richtete sich der erste große Schlag
von Hitlers Außenpolitik gegen Österreich. Am 12. Februar
1938 traf er den österreichischen Bundeskanzler Kurt von
Schuschnigg und diktierte ihm eine Vereinbarung, die das
Verbot der österreichischen Nationalsozialisten aufhob,
sie an der Regierung beteiligte, ihnen mit dem Innenminis-
terium die Polizeigewalt übergab und somit die Vorausset-
zungen für eine nationalsozialistische Machtübernahme in
Österreich schuf. Um diese zu verhindern, beraumte
Schuschnigg am 9. März 1938 eine Volksabstimmung ,Für
ein freies und deutsches, unabhängiges und soziales, für

Wachsender Einfluss der National-sozialisten

---

[1] Benito Mussolini (1883 – 1945) stand ab 1925 als Diktator an der Spit-
ze des faschistischen Regimes in Italien.
[2] Gebirgspass in den Ostalpen
[3] Wirtschaftsprogramm, das auf dem Auftrag Hitlers aus dem Jahr
1936 gründete und zum Ziel hatte, Deutschland aufzurüsten und
wirtschaftlich unabhängig zu machen

Kurt Schuschnigg (1897 – 1977)

ein christliches und einiges Österreich!' an; das Wahlalter wurde auf 24 Jahre heraufgesetzt, um die meist pro-nationalsozialistische Jugend von der Abstimmung auszuschließen. Gravierende Mängel in der Wahlvorbereitung gaben Hitler einen Vorwand, Schuschnigg zur Rücknahme der Abstimmung zu zwingen. Ein Ultimatum, das mit dem Einmarsch deutscher Truppen in Österreich drohte und die Übergabe der Regierungsgewalt an den Nationalsozialisten Arthur Seyß-Inquart forderte, zwang Schuschnigg am 11. März 1938 zum Rücktritt, nachdem ein verzweifelter Hilfeappell an die europäischen Mächte ungehört blieb.

Hitlers Befehl zum Einmarsch

Als der österreichische Bundespräsident Wilhelm Miklas (1872 – 1956) sich am selben Tag weigerte, Seyß-Inquart zum Nachfolger Schuschniggs zu ernennen, gab Hitler den Befehl zum Einmarsch, der am 12. März 1938 erfolgte.

Reaktion der österreichischen Bevölkerung

Die Wehrmachtstruppen stießen auf keinen Widerstand. War Hitlers Vorhaben zu Beginn noch, Österreich mit Deutschland nur in einer Union zu verbinden, so veranlasste ihn der Jubel [eines Großteils der] österreichischen Bevölkerung, sich für den völligen ‚Anschluss' Österreichs zu

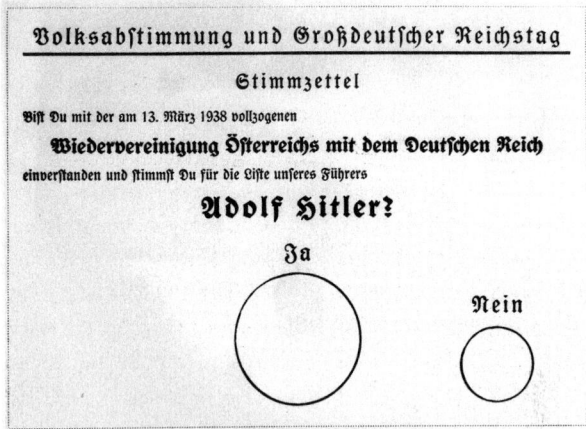

Stimmzettel zur Volksabstimmung zur „Wiedervereinigung Österreichs mit dem Deutschen Reich" am 10. April 1938

entscheiden. Entsprechende Gesetze wurden am 13. März 1938 erlassen. Zwei Tage später bejubelten über 100.000 Menschen den gebürtigen Österreicher Hitler in Wien. In einer keinesfalls nach freien und demokratischen Grundsätzen vollzogenen Volksabstimmung am 10. April 1938 votierten offiziell 99,73 Prozent der Österreicher und 99,01 Prozent der Deutschen für den ‚Anschluss'.

Reichsstatthalter der Ostmark, wie Österreich nun hieß, wurde Seyß-Inquart. Innerhalb kürzester Zeit wurden die 1933 bis 1938 in Deutschland umgesetzten Maßnahmen zur Umgestaltung und Erfassung von Staat und Gesellschaft auf Österreich übertragen. Der Terror der Nationalsozialisten übertraf anfangs noch das im bisherigen Deutschen Reich erlangte Ausmaß. Allein zwischen dem 12. und dem 22. März gab es in der Ostmark offiziell 1.742 Festnahmen, in Wien 96 Suizide. Sozialdemokraten, Kommunisten und Juden, beispielsweise Sigmund Freud, blieb zur Rettung oft nur die Flucht. […]"

Das nationalsozialistische Terrorregime

Claudia Prinz, www.dhm.de/lemo/kapitel/ns-regime/aussenpolitik/anschluss-oesterreich-1938.html, 15. Oktober 2015 (05.07.18)

Sigmund Freud und die Psychoanalyse

Kindheit und Jugend Sigmund Freud wird am 6. Mai 1856 in Freiberg in Mähren, im heutigen Tschechien, geboren. Er ist der Sohn eines jüdischen Wollhändlers und wächst in einer kinderreichen Familie auf. 1860 zieht die Familie nach Wien, wo Freud das Gymnasium besucht und 1873 sein Abitur ablegt. Er studiert Medizin und promoviert 1881. Seit 1883 arbeitet er im Wiener Allgemeinen Krankenhaus und 1885 folgt die Habilitation, nach der er eine Privatdozentur an der Universität Wien erhält.

Familie 1886 heiratet Freud Martha Bernays, die er 1882 kennengelernt hat. Mit ihr hat er insgesamt sechs Kinder, für die er aber häufig unerreichbar ist, da er sich der Arbeit widmet. Als sechstes Kind der Familie Freud wird Tochter Anna 1895

Sigmund Freud mit seiner Frau Martha, Schwägerin Minna Bernays und seinen Kindern Ernst, Martin, Oliver, Sophie und Anna (um 1898)

geboren, welche nach dem Tod ihres Vaters seine Arbeit fortführt.

Nach Studien in psychiatrischen Kliniken und der Arbeit in einer eigenen neurologischen Praxis erscheint 1895 die „Studie über Hysterie", in der Freud den Sexualtrieb als Hauptursache der Hysterie benennt und sich dadurch von den Ansätzen anderer Forscher abgrenzt. Zudem beginnt Freud mit Selbstanalysen und beschäftigt sich mit eigenen Träumen, 1900 erscheint seine Abhandlung „Die Traumdeutung", in der er einen Zusammenhang zwischen Träumen und persönlichen Erlebnissen herstellt. Nach Freuds Theorie zeigen sich in Träumen verdrängte Wünsche und Erlebnisse, sodass die Traumdeutung eine Möglichkeit zur Erkundung des Unbewussten und Verdrängten darstellt – eine entscheidende Grundlage für die von ihm entwickelte Psychoanalyse. In Träumen werden Wünsche, die verdrängt wurden, da sie als inakzeptabel oder verwerflich eingestuft wurden, in verschlüsselter Form dargestellt – Freuds Theorie nach haben diese Wünsche häufig einen sexuellen Hintergrund und/oder sind mit frühen Kindheitserlebnissen verbunden, die im Traum an die Oberfläche drängen. Durch die Traumdeutung kann der Therapeut also unbewusste Konflikte und verdrängte Wünsche erkennen und thematisieren. Auch die Analyse von Fehlleistungen – heute auch als freudscher Versprecher bekannt – ist Teil der Psychoanalyse. Dabei werden sprachliche Fehlleistungen betrachtet, in denen sich der eigentliche Gedanke des Sprechers ungewollt zeigt.

Traumdeutung

Es folgen Abhandlungen zur Sexualtheorie. Freuds Psychoanalyse findet viel Zuspruch und wird zu einer anerkannten Wissenschaft. 1910 wird die „Internationale Psychoanalytische Vereinigung" gegründet und Freud baut seine Theorien immer weiter aus. Eine der bekanntesten Errungenschaften Freuds ist das Strukturmodell der Psyche, auch als Instanzenmodell bekannt, in dem er ein Modell der

Strukturmodell der Psyche – das Instanzenmodell

menschlichen Persönlichkeit skizziert, welche demnach dreigeteilt ist und sich aus dem Über-Ich, dem Ich und dem Es zusammensetzt. Das Über-Ich repräsentiert dabei den Bereich der gesellschaftlichen Normen, die erlernt werden und von konkreten Zeitumständen abhängen. Diese Normen sind dem Menschen z. T. bewusst, z. T. bestimmen jedoch auch sein Verhalten, ohne dass ihm dies bewusst ist. Das Über-Ich bildet also die moralische Instanz und orientiert sich an Geboten und Verboten. Das Es ist der weitgehend unbewusste Bereich, in dem die menschlichen Triebe und verdrängten Wünsche und Erlebnisse regieren. Die Forderungen des Es folgen dem Lustprinzip, Bedürfnisorientierung und Libido stehen im Vordergrund. Ursprünglich ging Freud davon aus, dass diese Triebe sowohl eine positive als auch eine negative, zerstörerische Funktion haben können. Später spricht er nur noch von einem allgemeinen Triebpotenzial. Aufgabe des Ichs ist es gewissermaßen, zwischen den Forderungen des Über-Ichs und denen des Es zu vermitteln und so eine Balance herzustellen.

Über-Ich

Es

Ich

Verfolgung und Emigration

Mit der Machtübernahme Hitlers geraten Freud und sein Werk immer mehr unter Beschuss. Zahlreiche seiner Bücher werden bei der Bücherverbrennung im Mai 1933 vernichtet, zu dieser Zeit führt Freud einen Briefwechsel mit Albert Einstein[1], in dem sie die Frage „Warum Krieg?" thematisieren. Trotz der zunehmenden Anfeindungen behält Freud seinen Wohnsitz in der Berggasse 19 in Wien bei. Mit dem Anschluss Österreichs 1938 spitzt sich die Situation der jüdischen Familie Freud jedoch weiter zu: Freuds Wohnung wird durchsucht und seine Tochter Anna wird von der Gestapo verhört, der Druck auf die Familie wächst, bis sie schließlich am 4. Juni 1938 nach London emigrieren, wo Freud im Exil weiter therapiert.

---

[1] Albert Einstein (1879 – 1955), bedeutender deutscher Physiker

Am 23. September 1939 verstirbt Freud im Alter von 83 Jahren in London. Noch heute zählt er zu den einflussreichsten Menschen des 20. Jahrhunderts und sein Werk findet noch immer Beachtung und Anwendung.

Tod

Seethaler hat in seinem Roman ein kunstvolles Gewebe aus Fiktion und historischen Fakten geschaffen, viele Gegebenheiten und Eigenschaften der von ihm kreierten Figur stimmen mit dem realen Vorbild überein. So bedient Seethaler sich nicht nur der realen Adresse des Psychoanalytikers, der Berggasse, sondern versieht seine Figur auch mit der Vorliebe für Zigarren. Auch Freuds schwerwiegende Erkrankung, der Gaumenkrebs, entspricht den tatsächlichen Begebenheiten; so musste Freud viele Operationen über sich ergehen lassen und eine Kieferprothese tragen, die auch im Roman Erwähnung findet. Seethalers Interesse an Freuds Arbeit zeigt sich auch in der von Franz Huchel häufig angesprochenen Couchmethode, denn die klassische Psychoanalyse sieht vor, dass der Patient liegend therapiert wird, während der Analytiker außerhalb seines Blickfeldes sitzt. Auch die Hinweise auf die alles beherrschende Libido, die Freud Franz im Verlauf des Romans immer wieder gibt, fußen auf den Theorien des Psychoanalytikers. Freud gibt Franz den Rat, seine Träume aufzuschreiben, ein Hinweis auf die von Freud entwickelte Traumdeutung, und in der in Abschnitt 30 geschilderten Therapiesitzung der Amerikanerin gibt es eindeutige Verweise auf das Instanzenmodell. Ebenso entspricht das Datum der Emigration im Roman den Fakten. Bei allen Übereinstimmungen ist jedoch eine klare Trennung zwischen der fiktiven Figur und der historischen Persönlichkeit nötig. Seethaler versieht die Figur mit Eigenschaften und lässt sie in der großväterlichen Beziehung zu Franz Huchel, dem Freud gutmütig zur Seite steht, eigene Facetten entwickeln. Im Roman „Der Trafikant" versteht der große Psychoanalytiker selbst nichts von der Liebe und zweifelt an seinem eigenen Wirken.

Bezüge zum Roman

Das Besondere an Seethalers Erzählweise

Verständliche Sprache, Humor und wörtliche Rede

Der Roman „Der Trafikant" ist insgesamt in einer gut verständlichen Alltagssprache verfasst, die deutlich österreichisch geprägt ist, sodass ein realistisches Bild des Schauplatzes präsentiert wird. Bezeichnungen wie „Palatschinken"[1] (S. 91) und „Stiegenhaus"[2] (S. 130) ziehen sich durch den gesamten Roman und verhelfen dem Leser dazu, sich im Österreich der 1930er-Jahre orientieren zu können. Hinzu kommt eine besondere Form der Leichtigkeit, da Seethalers Sprache in vielen Passagen durch einen gewissen Wortwitz und Humor geprägt ist. Franz Huchels Unerfahrenheit wird beispielsweise immer wieder auf humorvolle Art präsentiert und auch die Dialoge, die der Leser in direkter Rede verfolgen kann, weisen häufig erheiternde Passagen auf und verhelfen zu einem besseren Verständnis der Figuren.

Chronologie

Insgesamt wird die Handlung chronologisch geschildert. Dabei gibt es keine Einteilung in Kapitel, es erfolgt lediglich eine Gliederung in Abschnitte, die nicht benannt werden. Die Handlung beginnt mit Franz Huchels Leben am Attersee, wo sich alsbald für ihn die Notwendigkeit ergibt, das kindliche Leben hinter sich zu lassen. Der Leser begleitet Huchels Lebensweg nach Wien, wo er als Lehrjunge in Trsnjeks Trafik tätig ist, Freud und Anezka begegnet und zu einem verantwortungsvollen Mann reift, bis er schließlich die Konsequenzen für seinen Widerstand gegen die Nationalsozialisten tragen muss. Dennoch gibt es kleinere und größere Zeitsprünge in dem Roman. Franz macht Anezka nach der Silvesternacht ausfindig und es kommt zu einer erneuten sexuellen Begegnung, woraufhin Anezka ver-

---

[1] österreichisch für Pfannkuchen
[2] österreichisch für Treppenhaus

schwindet; Franz sucht vergeblich nach ihr und leidet an Liebeskummer. Nach einem Zeitsprung von einigen Wochen taucht sie dann wieder in der Trafik auf. Der größte Zeitsprung findet sich jedoch am Ende des Romans. Nachdem Franz im Juni 1938 verhaftet worden ist, spielt der letzte Abschnitt des Romans im Jahr 1945, als Anezka die Trafik aufsucht. Durch die Chronologie der Handlung sind die einzelnen Ereignisse leicht nachvollziehbar, da sie stets die darauffolgenden bedingen.

Dennoch gibt es einige Unterbrechungen der Chronologie in Form von Rückblenden, welche Franz Huchels Zustand zwischen Jugendlichem und erwachsenem Mann veranschaulichen, da diese stets Erinnerungen an seine Kindheit und sein Leben am Attersee schildern, zu dem er noch eine enge Verbundenheit verspürt. Auch der Schriftwechsel mit seiner Mutter in Form von Postkarten und Briefen stellt eine Unterbrechung des eigentlichen Handlungsflusses dar und liefert Einblicke in die Gefühlswelten der beiden Figuren. Zudem wird so ein breiteres Bild der politischen Entwicklungen ermöglicht, da durch Frau Huchels Schilderungen über die Geschehnisse am Attersee deutlich wird, dass die Nationalsozialisten nicht nur in der Metropole Wien, sondern auch im idyllischen Nußdorf zunehmend an Einfluss gewinnen. Auch die Traumplakate stellen eine Unterbrechung dar, da die Hauptfigur in den Träumen Erlebtes verarbeitet und Ängste und Wünsche zum Vorschein kommen.

Rückblenden, Schriftwechsel sowie Traumplakate

Seethaler bedient sich vorwiegend des personalen Erzählverhaltens und nimmt dabei die Perspektive Franz Huchels ein, wodurch es dem Leser möglich ist, ein besonders gutes Verständnis für die Gedanken und Gefühle dieser Figur aufzubauen. Franz wird zum Sympathieträger des Romans, der Leser durchlebt mit ihm Höhen und Tiefen, teilt mit ihm Freud und Leid und begleitet seinen Entwicklungsprozess. Auch wenn der personale Erzähler die vorherrschende Erzählform des Romans ist, gibt es einige Passagen, in denen

Erzähltechnik

ein allwissender Erzähler in Erscheinung tritt, zudem gibt es auch einige wenige Wechsel der Perspektive zu anderen Figuren, wodurch es beispielsweise zu einer Erweiterung der Figur Freuds in Abschnitt 30 (vgl. S. 115 ff.) kommt. Auch die enge Verbindung zwischen Frau Huchel und Franz wird auf diese Weise demonstriert. Durch die Gedankenwelt des Briefträgers Pfründner erfährt der Leser mehr über die Einflussnahme der Nationalsozialisten, es erfolgt also eine Erweiterung des Fokus. Generell hebt sich die Erzählperspektive am Ende des Romans von dem vorherigen Teil ab, da das Geschehen nun immer häufiger aus der Perspektive anderer Figuren geschildert wird, wodurch das Schicksal Franz Huchels unumgänglich erscheint.

Literarische Symbole Besondere Beachtung verdienen die literarischen Symbole des Romans, die zumeist Hinweise auf die bevorstehende Katastrophe liefern. Bereits im ersten Abschnitt streut Seethaler Hinweise auf die folgenden schwerwiegenden Ereignisse, wobei besonders die Wettermetaphorik auf die Gefahr und die Erschütterung der heilen Welt Franz Huchels hindeutet. Wetterbeschreibungen ziehen sich durch den gesamten Roman, hierbei veranschaulicht der aufkommende Wind meist die zunehmende Nazifizierung. Auch die tote Kuh auf den Gleisen, die für eine Verzögerung während der Zugfahrt nach Wien sorgt (vgl. S. 18 f.), kann als Vorausdeutung auf die Schrecken der Zeit und Franz' Tod gewertet werden, ebenso wie der Pestvogel (vgl. S. 137) und der Verlust eines Zahnes bei dem Rauswurf aus dem Gestapo-Gebäude (vgl. S. 185).

Die persönliche Entwicklung Franz Huchels wird durch die symbolhafte Verwendung des Nachtfalters veranschaulicht, der an einer Lampe verbrennt, ebenso wie Franz durch die Gefühle zu Anezka unglücklich wird und schließlich erkennen muss, dass er einem Trugbild erlegen ist. Das Hissen der Hose des verstorbenen Trsnjeks (vgl. S. 240 ff.) symbolisiert zudem Franz Huchels Entwicklung zu einem verantwortungsvollen Mann, der für seine Werte einsteht und Verantwortung übernimmt. Die Hose ist gleichzeitig Symbol für den Akt des Widerstandes.

Weiterhin gibt es einige sprachliche Verknüpfungen innerhalb des Romans, so steht der Verlust der Kopfbedeckung für die Gefahr, die der jüdischen Bevölkerung droht. Die Zigarre taucht immer wieder als Symbol der (Gedanken-)Freiheit auf und auch die Geranien, die zu Beginn des Romans dem Unwetter zum Opfer fallen, werden an späterer Stelle wieder aufgegriffen: Als Franz verhaftet wird, wird im Nachbarhaus einer Geranie die Blüte abgeschnitten (vgl. S. 246). Das „Köpfen" der Blume ist eine Vorausdeutung auf Franz Huchels Tod, der nun unumgänglich ist.

Die Frage der Gattung

Seethalers Roman „Der Trafikant" ist ein vielschichtiger Roman, der unterschiedliche Schwerpunkte setzt und verschiedene Themen in sich vereint, sodass keine eindeutige Zuordnung zu einem Genre vorgenommen werden kann.

„Der Trafikant" kann zum einen als Adoleszenzroman (auch Entwicklungsroman oder Coming-of-Age-Roman genannt) verstanden werden, da die Entwicklung des 17-jährigen Franz' im Mittelpunkt der Handlung steht. Der Begriff Adoleszenz bezeichnet die Phase der Entwicklung von der späten Kindheit bis hin zum Erwachsenenalter, die mit vielen Veränderungen einhergeht. Der klassische Adoleszenzroman zeichnet sich dadurch aus, dass er sich inhaltlich auf die Jugendphase des Protagonisten konzentriert. Typisch sind Problemfelder, mit denen Jugendliche zwischen 15 und 22 konfrontiert werden, wie etwa die Ablösung von den Eltern und das Entwickeln eigener Wertvorstellungen und Handlungsmuster. Die Adoleszenz bringt vielseitige körperliche und gedankliche Veränderungen mit sich, die auch in

Adoleszenzroman

Seethalers „Der Trafikant" beleuchtet werden, sodass der Roman viele Merkmale des Adoleszenzromans aufweist.

Der Leser begegnet im ersten Teil einem unreifen Franz, der von seiner Mutter abhängig ist und sehr verträumt und uneigenständig wirkt. Seine Reise nach Wien verunsichert ihn zunächst, der Schriftwechsel mit seiner Mutter ist die einzige Verbindung zu seiner Heimat. Durch die Anleitung Trsnjeks und die Gespräche mit Freud ist er jedoch zunehmend in der Lage, Verantwortung zu übernehmen. Er eignet sich Wissen an und verlässt den kindlichen und unwissenden Zustand. Durch das Kennenlernen Anezkas gewinnt er nach einigen Verwirrungen und schmerzhaften Erfahrungen an Reife. Er macht erste Erfahrungen mit der Liebe und der Sexualität und reflektiert diese zunehmend. Gleichsam entwickelt er ein politisches Bewusstsein und setzt sich kritisch mit den politischen Entwicklungen auseinander. Am Ende ist aus dem unreifen, naiven Franz ein Mann mit eigenen Wertvorstellungen geworden, der Verantwortung übernimmt und für seine eigenen Werte einsteht. Im Verlauf der Handlung durchläuft Franz also verschiedene Entwicklungsschritte und verlässt den Zustand des naiven Jünglings, muss sein selbstbewusstes Handeln und seine Weigerung, sich dem nationalsozialistischen Regime zu beugen, am Ende jedoch mit dem Leben bezahlen.

Historische Ausrichtung Gleichsam kann „Der Trafikant" als Roman mit historischer Ausrichtung gelesen werden, da er als rückblickender Zeitroman den Anschluss Österreichs und den zunehmenden Einfluss der Nationalsozialisten beschreibt, wobei die genannten Daten und Straßennamen den historischen Fakten entsprechen, so etwa das Gestapo Hauptquartier oder der Rücktritt Schuschniggs.

Liebes- und Bildungsroman Auch die Beziehung zu Anezka und die damit einhergehende Liebeskummer nehmen einen großen Raum im Roman ein, sodass Passagen an einen Liebesroman erinnern. „Der Trafikant" weist zudem Elemente eines Bildungsromans auf, da beispielsweise die Einflussnahme von Medien kritisch betrachtet wird.

Der Kein & Aber Verlag, in dem „Der Trafikant" erschienen ist, bezeichnet Seethalers Roman als All-Age-Roman, also als einen Roman, der die Grenzen zwischen Jugend- und Allgemeinliteratur überschreitet und sich sowohl an Jugendliche als auch an Erwachsene richtet und somit ein breites Publikum anspricht. All-Age-Roman

Rezeption

„Der Trafikant" hat seit seinem Erscheinen im Jahr 2012 viel Aufsehen erregt und es gibt zahlreiche Rezensionen und positive Stimmen zu dem Roman. Andreas Platthaus betont in der Frankfurter Allgemeinen Zeitung, wie „wohltuend" die „unerklärliche Leichtigkeit des Schreibens ist"[1], generell hebt er die sprachliche Klarheit hervor und weist darauf hin, dass der Roman nichts beschönigt. Die Leichtigkeit der Sprache wird auch von weiteren Rezensenten positiv hervorgehoben, auch der humoristische Stil wird immer wieder lobend erwähnt. Positive Stimmen

Kritische Stimmen gibt es dagegen zu der Darstellung Freuds. Erwähnt wird z. B., dass die von Seethaler geschaffene literarische Figur der intellektuellen Persönlichkeit des historischen Freuds nicht gerecht wird. Kritik

Seethalers Roman wurde bereits auf mehreren Bühnen inszeniert. Für November 2018 ist der Start des gleichnamigen Films angekündigt. Umsetzungen

---

[1] www.faz.net/aktuell/feuilleton/buecher/rezensionen/belletristik/robert-seethaler-der-trafikant-freuds-freund-11947460.html (26.04.18)

Inszenierung im Salzburger Landestheater, 2016

Mittlerweile gehört Robert Seethaler zu den bedeutendsten Autoren seiner Zeit; der Roman „Der Trafikant" hat bereits Einzug in den Deutschunterricht der gymnasialen Oberstufe gefunden und Seethaler ist in der aktuellen Literaturszene sehr präsent und prägt mit seinen Werken nachhaltig die Gegenwartsliteratur.

Der Roman „Der Trafikant" in der Schule

Der Blick auf die Figuren: Die Personencharakterisierung

Eine literarische Figur charakterisieren – Tipps und Techniken

In einer literarischen Charakterisierung werden neben äußeren Merkmalen besonders die Wesenszüge einer literarischen Figur analysiert. Gegebenenfalls muss auch ihre Entwicklung im Werk erfasst werden. Dazu ist es wichtig, die im Text vermittelten Informationen zu sammeln, zu ordnen und zu werten.

Auf diesem Wege gelangt man zu einer Gesamtinterpretation der Figur. Das Wesentliche soll nicht in beschreibender, sondern in argumentierender Form dargelegt werden. Alle Behauptungen, die man über eine Figur aufstellt, müssen begründet, d. h. in der Regel durch eine oder mehrere Textstellen belegt werden. Das Tempus ist das Präsens.

Für die Erarbeitung einer literarischen Charakterisierung können unter anderem folgende Aspekte und Leitfragen von Bedeutung sein:

1. **Personalien, sozialer Status und äußeres Erscheinungsbild**
   - Was erfahren wir über Name, Geschlecht, Alter und Beruf der Figur?
   - Werden auffällige äußere Merkmale beschrieben?
   - Wie stellen sich Lebensverhältnisse und das soziale Umfeld der Figur dar?
   - Gibt es Informationen zur Vorgeschichte der Figur?

2. Wesentliche Charaktereigenschaften und Verhaltensweisen

- Zeigt die Figur typische Verhaltensweisen und Gewohnheiten?
- Was sind ihre hervorstechenden Wesensmerkmale und Charakterzüge?
- Welche Umstände prägen und bestimmen ihre Existenz?
- Welches Bild hat die Figur von sich selbst?
- Welche inneren Einstellungen, welches Weltbild legt sie an den Tag?
- Zeigt die Figur eine Veränderung in ihren äußeren Merkmalen oder eine innere Entwicklung?
- Wie wird sie durch die anderen Figuren wahrgenommen?
- In welcher Beziehung steht sie zu den anderen Figuren?

3. Sprachgebrauch und Sprachverhalten

- Wie kann man den Sprachgebrauch der Figur allgemein beschreiben (Sprachebene, Sprachstil)?
- Welche Auffälligkeiten lassen sich auf Satz- und Wortebene erkennen (Satzbau, Wortwahl …)?
- Welche Botschaften werden durch nonverbale Kommunikation übermittelt (Mimik, Gestik, Körperhaltung)?
- Welches Gesprächsverhalten, welche Gesprächsstrategien verfolgt die Figur?

4. Zusammenfassende Bewertung

- Wie lässt sich die Funktion der Figur für den Roman beschreiben?
- Handelt es sich um einen Charakter oder bloß einen Typus?
- Inwieweit sind festgestellte charakterliche Merkmale gesellschaftlich bedingt?
- Welche Gesamtdeutung der Figur ergibt sich aus den gewonnenen Erkenntnissen?

Franz Huchel – der Protagonist in der Adoleszenzphase

Der 17-jährige Franz Huchel wird am 7. August 1920 geboren und lebt mit seiner Mutter in einfachen Verhältnissen in Nußdorf am Attersee in Österreich, bis diese ihn nach Wien schickt, um dort bei einem ihr bekannten Trafikanten in die Lehre zu gehen. Sein Vater ist bereits vor seiner Geburt verstorben und die Mutter hat ihn allein großgezogen. In Wien, wo er eine kleine Kammer in der Trafik bewohnt, findet er zwei männliche Orientierungspunkte, Otto Trsnjek, einen Trafikanten, und Sigmund Freud, den berühmten Psychoanalytiker, der ihm großväterlich zur Seite steht. Von der jungen böhmischen Frau Anezka, in die er sich in Wien verliebt, wird er jedoch nur als unerfahrener Junge vom Dorf wahrgenommen.

Personalien, sozialer Status und äußeres Erscheinungsbild

Zu Beginn zeigt sich Franz als unerfahrener und naiver, beinahe tagträumerischer Junge, der für sein Alter recht kindlich wirkt (vgl. S. 9). Von seiner Mutter wird er stets behütet und die finanzielle Unterstützung durch ihren Liebhaber Alois Preininger ermöglicht es Franz, ein Leben ohne Verpflichtungen zu führen. Anders als die anderen Jugendlichen des Dorfes muss er nicht zum Familienunterhalt beitragen, indem er „in irgendwelchen Salzstollen" (S. 12, Z. 1) Arbeit verrichtet, „[s]tattdessen konnte er von früh bis spät durch den Wald spazieren, sich auf einem Holzstege die Sonne auf den Bauch scheinen lassen und bei schlechtem Wetter einfach im Bett liegen bleiben und seinen Gedanken und Träumen nachhängen" (S. 12, Z. 3 ff.). Seine Mutter hält also die Anforderungen und Belastungen des Lebens von ihm fern und Franz führt ein unbeschwertes Leben in kindlich-verträumter Naivität, in der die Mutter der wichtigste Bezugspunkt ist. Nach dem Tod Preiningers ändert sich die finanzielle Situation der Familie und Frau Huchel sieht die Notwendigkeit, ihren Sohn in die Lehre nach Wien zu schicken. Da Franz eher zart ist und keine körperliche

Wesentliche Charaktereigenschaften und Verhaltensweisen

Naiver, tagträumerischer Junge

Arbeit kennt (vgl. S. 15), scheint eine Lehre in der Trafik ihres Bekannten, der ihr noch einen Gefallen schuldet, genau das Richtige zu sein. Frau Huchel setzt ihren Sohn über diese Entscheidung in Kenntnis und dieser besteigt widerwillig bereits am nächsten Tag den Zug nach Wien und fügt sich dem Willen der Mutter. Die Reise nach Wien markiert dabei das Ende seiner Kindheit.

Überforderung in der Großstadt

Als Junge vom Land stellt die Großstadt Wien zunächst eine Überforderung für Franz dar. Gleichzeitig ist der Ortswechsel Auslöser für die Weiterentwicklung des Protagonisten, da er hier mit den Gegebenheiten der Zeit konfrontiert wird und nicht länger von seiner Mutter von schwierigen Situationen abgeschirmt wird.

Zuverlässigkeit und Sorgfalt bei der Arbeit

Franz befindet sich in dem Zustand zwischen Kind und Mann und ist daher auf der Suche nach Halt und Orientierung. Otto Trsnjek, der Inhaber der Trafik, wird für ihn zum Mentor. Dabei ist Franz darum bemüht, seine Aufgaben zuverlässig und mit Sorgfalt zu erfüllen. Die größte ihm zugeteilte Aufgabe ist das tägliche Lesen möglichst vieler verschiedener Zeitungen (vgl. S. 25). Die festen Strukturen in der Trafik und die ihm aufgetragenen Aufgaben tun ihm gut und Franz zeigt sich als pflichtbewusster und interessierter Lehrling.

Enge Verbundenheit mit der Mutter

Mit seiner Mutter steht er über Postkarten und schließlich auch Briefe regelmäßig in Kontakt. Die beiden teilen eine enge Verbundenheit und Franz kann ihr seine Erlebnisse und Sorgen mitteilen und erhält von ihr Zuspruch und Unterstützung. Mit seinem zunehmenden Reifeprozess eröffnet die Mutter ihm ebenfalls ihre Probleme und Gedanken. Auch wenn Franz weiß, dass er Wien nicht einfach wieder hinter sich lassen kann, verspürt er immer wieder Heimweh und vermisst seine Mutter (vgl. S. 114).

Völlige Unerfahrenheit im Bereich des Sexuellen

Die Unreife des Protagonisten zeigt sich in verschiedenen Bereichen, im Handlungsverlauf durchlebt er jedoch einen Reifeprozess, der durch die Umstände der Zeit rasch voranschreitet. Franz ist emotional noch recht instabil, was an seinem Verhalten in Bezug auf Anezka deutlich wird. Franz Huchel ist im Bereich der Liebe völlig unerfahren und hat noch keine Erfahrungen mit Frauen. Als Sigmund Freud, den er als Stammkunden der Trafik kennenlernt und dessen Nähe er sucht, weil er sich in seiner Orientierungslosigkeit eine Richtungsvorgabe von dem bekannten Psychoanalytiker erhofft, ihm den Rat erteilt, sich ein Mädchen zu suchen, ist dies für ihn wie eine Offenbarung und er kann an nichts anderes mehr denken (vgl. S. 43 ff.). Mit dem Kennenlernen Anezkas auf dem Wiener Prater verfällt er zunächst in eine große Euphorie und seine Libido erwacht. Dabei wirkt er in seinem Verhalten sehr unerfahren, unsicher und unkontrolliert und er ordnet sich der jungen Frau vollkommen unter. Sie bestimmt, was sie auf dem Rummel tun, und weist die Richtung (vgl. S. 55 ff.). Franz kann die Zeichen Anezkas, die auf ein sexuelles Abenteuer aus ist, nicht deuten und so verschwindet sie schließlich, ohne sich von ihm zu verabschieden, was ihn zutiefst bestürzt (vgl. S. 58 ff.). Nach der ersten Begegnung versinkt er im Liebeskummer und sucht Rat bei Freud. Durch seine Beharrlichkeit kommt es dann aber zu einem Wiedersehen und einer Liebesnacht zwischen ihm und Anezka, welche in ihm wieder euphorische Gefühle auslöst (vgl. S. 91 ff.). Franz ahnt jedoch nicht, dass er für Anezka nur „der Burschi mit dem scheenen Popscherl" (S. 89, Z. 16) ist, und ist verzweifelt, als er feststellen muss, dass Anezka am nächsten Morgen verschwunden ist. Als er schließlich erkennen muss, dass die von ihm verherrlichte Böhmin als Nackttänzerin in einem Nachtclub arbeitet und ihn als Mann nicht ernst nimmt, erfolgt seine Desillusionierung und er fällt in ein tiefes Loch (vgl. S. 110 ff.). Dennoch gelingt es ihm nicht, sich ganz von Anezka zu lösen, und sie dominiert immer wieder seine Gedanken, weshalb er ihr sogar anbietet, gemeinsam aus Österreich zu fliehen, und ihr einen Heiratsantrag macht, auf den sie jedoch verletzend reagiert (vgl. S. 206 ff.). Erst durch Gespräche mit Freud kommt er später zu der Erkenntnis, dass seine vermeintliche Verliebtheit vielleicht „sowieso nur ein riesengroßer Irrtum" (S. 222, Z. 30) gewesen ist.

Politische Ahnungslosigkeit bei seiner Ankunft in Wien

Als Franz nach Wien kommt, ist er bezüglich der sich im Begriff befindlichen politischen Entwicklungen und dem zunehmenden Einfluss der Nationalsozialisten völlig ahnungslos (vgl. z. B. S. 39). Durch Gespräche mit Trsnjek, umfassende Zeitungslektüre und auch Äußerungen Freuds entwickelt er jedoch zunehmend ein politisches Bewusstsein.

Wachsendes politisches Bewusstsein

Intuitiv verurteilt er die Verfolgung der Juden, auch wenn er die vollen Ausmaße nicht ganz erfasst. Zudem distanziert er sich nach der propagandagefärbten Berichterstattung über den Tod des sogenannten Roten Egon, eines Sozialdemokraten, von den Zeitungen (vgl. S. 198). Anders als viele andere Menschen dieser Zeit ist er nicht dazu bereit, die Ungerechtigkeiten hinzunehmen. Nach der Nachricht über den Tod Trsnjeks konfrontiert er den Metzger Roßhuber mit dessen Schuld, da dieser Trsnjek bei der Gestapo denunziert hat und somit für den Tod des Trafikanten maßgeblich mitverantwortlich ist. Als nach Trsnjeks Tod auch noch sein einziger ihm verbliebener Vertrauter in Wien – Freud – sich gezwungen sieht, zu emigrieren, da er als Jude in Österreich nicht mehr sicher ist, fühlt sich Franz dazu berufen, ein Zeichen zu setzen und für seine eigenen Werte – Gerechtigkeit und Freiheit – einzustehen (vgl. S. 237).

Einstehen für die eigenen Werte

Aus dem unbedarften Jungen, der die Zeichen der Zeit nicht deuten kann, wird also ein Mann mit eigenen Wertvorstellungen, für die er aktiv eintritt, ohne sich von den Konsequenzen abschrecken zu lassen.

Doch die Entwicklung betrifft nicht nur den Umgang mit der Liebe und sein politisches Bewusstsein. Durch die Gespräche mit Freud reift er innerlich und findet durch die

Szene aus „Der Trafikant" mit Franz Huchel (Felix Jeiter, vorne) und Sigmund Freud (Peter Kaghanovitch)

Impulssetzung seines Gesprächspartners zu sich selbst, kann seine inneren Prozesse zunehmend verstehen und zum Ausdruck bringen (vgl. S. 223).

Da in Wien viele Erfahrungen und Erlebnisse auf ihn einstürzen und ihn auch sein zunehmendes Wissen belastet, plagen Franz immer wieder wilde Träume, die er auf Anraten Freuds nach dem Aufwachen notiert, um besser damit zurechtzukommen. Dabei beschäftigen ihn hauptsächlich das Heimweh, die unglückliche Liebe zu Anezka und die brisante politische Situation durch den aufkommenden Nationalsozialismus. Unabhängig davon sieht er selbst, dass die gewonnenen Erkenntnisse für ihn durchaus eine Belastung darstellen. Er ist der Meinung, „[w]er nichts weiß, hat keine Sorgen" (S. 199, Z. 15), weiß aber, „wenn es schon schwer genug ist, sich das Wissen mühsam anzulernen, so ist es doch noch viel schwerer, wenn nicht sogar unmöglich, das einmal Gewusste zu vergessen" (S. 199, Z. 16 ff.).

Aufschreiben der Träume als „Therapie"

Franz ist Sympathieträger und Identifikationsfigur des Romans, da er viele positive Eigenschaften in sich vereint. In seiner Naivität ist er gleichzeitig offen und ehrlich. Zudem ist er mitfühlend, aufmerksam und warmherzig und inter-

Franz als Sympathieträger

essiert sich für seine Mitmenschen. Er nimmt die schlechte körperliche Verfassung Freuds wahr (vgl. S. 218) und verharmlost in seinem Brief die Umstände von Trsnjeks Tod, um seine Mutter zu schützen, da er sich um sie sorgt (vgl. S. 196). Bei der Verhaftung des Trafikanten versucht er, diesem zu Hilfe zu kommen, und zeigt Mut und Courage (vgl. S. 156), auch wenn er sich der vollen Tragweite seines Handelns in diesem Moment nicht bewusst ist. Ganz selbstverständlich führt er nach Trsnjeks Inhaftierung verantwortungsbewusst und eigenständig die Trafik weiter und versucht vehement und furchtlos, einen Besuch bei Trsnjek zu erwirken, der im Gestapo-Hauptquartier festgehalten wird (vgl. S. 180 ff.). Franz handelt individuell und lässt sich nicht davon abhalten, für seine Überzeugungen einzustehen, so begegnet er dem Hitlergruß des Briefträgers mit der Entgegnung: „[D]en Hitler können Sie sich sonstwo hinstecken, ansonsten wünsche ich Ihnen einen guten Morgen!" (S. 211, Z. 24 f.) Auch das Aushängen der Traumplakate im Schaufenster der Trafik mit dem Gedanken „vielleicht [...] irgendwann doch bei einem zufällig vorbeikommenden Betrachter etwas [zu] bewirken oder [zu] bewegen" (S. 178, Z. 15 ff.) ist Ausdruck seiner individuellen Wertvorstellungen. Letztendlich wird ihm diese positive Eigenschaft am Ende jedoch zum Verhängnis, da unter dem nationalsozialistischen Regime kein Widerstand geduldet wird.

Sprachgebrauch und Sprachverhalten Franz Huchel ist seinen Mitmenschen zugewandt und sucht das Gespräch mit seinen Bezugspersonen. Er hört aufmerksam zu und nimmt Ratschläge an. Seine Sprache ist zudem Spiegel seiner inneren Zustände, da sich in seinen Sprechakten Freude und Euphorie, aber auch Trauer und Wut deutlich abzeichnen. Durch seine Gespräche mit Freud ist er zunehmend in der Lage, sich selbst zu reflektieren, seine Gefühlswelt zu verbalisieren und seine Identität zu finden.

Zusammenfassende Bewertung Der Protagonist durchläuft einen immensen Entwicklungsprozess und reift in rasantem Tempo vom naiv-verträumten Jungen zum verantwortungsbewussten Mann, der für seine Werte einsteht und individuell handelt, was den politischen Umständen geschuldet ist. In seinem Bestreben, ein Zeichen zu setzen, fällt er schließlich den Nationalsozialisten zum Opfer.

Otto Trsnjek – der weitsichtige Trafikant

Otto Trsnjek ist seit 1919 Inhaber einer Trafik in der Währingerstraße in Wien, in der er Tabakwaren, Zeitungen und Schreibwaren vertreibt. Zudem verkauft er heimlich die seit Jahren streng verbotenen, sogenannten „Zärtlichen Magazine" (S. 33, Z. 6 f.). Der ältere Mann hat im Ersten Weltkrieg ein Bein verloren und hat als Kriegsverletzter „vom Invalidenschutzgesetz die Trafik zugesprochen" (S. 30, Z. 3 f.) bekommen, welche jetzt sein Wirkungskreis ist. Über sein Leben vor dem Trafikantendasein erfährt der Leser kaum etwas. In jüngeren Jahren scheint er aber eine Liebschaft mit Frau Huchel gehabt zu haben, weshalb er ihren Sohn Franz Huchel als Lehrling aufnimmt, da er dessen Mutter noch einen Gefallen schuldet.

Personalien, sozialer Status und äußeres Erscheinungsbild

Stefan Suske als Otto Trsnjek

Wesentliche Charaktereigenschaften und Verhaltensweisen

Trsnjek führt seine Trafik mit großer Sorgfalt (vgl. S. 23) und nimmt seine neue Aufgabe, Franz zum Trafikanten auszubilden, ernst. Durch seine Zuverlässigkeit und Gradlinigkeit wird er zum neuen Orientierungspunkt für den jungen Franz Huchel und fungiert für diesen als Vaterersatz, der Werte vermittelt und Franz aufklärerisch erzieht.

Zuverlässigkeit und Gradlinigkeit

Kritisches Bewusstsein

Der alte Trafikant ist ein interessierter Mann mit einem ausgeprägten politischen Bewusstsein, der Dinge kritisch hinterfragt und die Gefahren der Zeit erkennt. Er trägt seinem Lehrling auf, möglichst viele verschiedene Zeitungen zu lesen, „weil eben [eine] Hirn und Horizont gleichermaßen erweiternde Zeitungslektüre [...] *alle* sich auf dem Markt [...] befindlichen Zeitungen [beinhalte]" (S. 25, Z. 9 ff.); er steht also für eine differenzierte Meinungsbildung ein und hebt sich damit von der Masse der Mitläufer ab.

Großer Einfluss auf Franz

Auf seinen Lehrling hat er einen großen Einfluss und fördert dessen Reifung zu einem mündigen Mann mit eigenen Wertvorstellungen und Ansichten. Franz erhält durch Trsnjek ein politisches Bewusstsein und fragt ihn um Rat, was die Verbundenheit der beiden Männer zeigt. Während Trsnjek Franz Halt durch feste Strukturen und Aufgaben geben kann, kann er ihm im Umgang mit der Liebe und dem damit verbundenen Kummer nicht helfen, da er selbst angibt, „nichts mehr von diesen Dingen" (S. 68, Z. 29) zu verstehen. Mit dem Thema Liebe hat er nach eigener Auskunft abgeschlossen, was durch seine Aussage „und wenn ich mich aufregen will, lese ich Zeitung" (S. 69, Z. 8 f.) besonders unterstrichen wird.

Kriegsgegner

Trsnjek ist ein ausgesprochener Kriegsgegner. Vom Ersten Weltkrieg schwer gezeichnet, vermittelt er seinem Lehrling, dass „[m]it dem Bein [...] auch [s]eine Jugend im Schützengraben liegen geblieben" (S. 69, Z. 3 f.) sei. Sein Leben ist also vom Krieg stark beeinflusst und er ist durch die Erlebnisse zu einem anderen Mann geworden, dessen Kreis sich nun nur noch auf die Trafik beschränkt, soziale

Kontakte außerhalb dieser pflegt er kaum. Da er sich nicht den antisemitischen Tendenzen in Wien anschließt, gerät er bald ins Fadenkreuz von Anfeindungen und die Trafik wird mit den Worten „SCHLEICH DICH, JUDENFREUND!" (S. 61, Z. 5) beschmiert. Diese von seinem Nachbarn Roßhuber ausgehenden Anfeindungen schüchtern ihn jedoch nicht ein, sondern stimmen ihn wütend.

Offen spricht er die Gefahr, die von dem nationalsozialistischen Gedankengut ausgeht, aus und fragt die umstehenden Schaulustigen nach dem ersten Vorfall: „Was oder wer kommt als Nächstes dran?" (S. 62, Z. 30) Er distanziert sich von dem Mitläufertum der Zeit und kritisiert die Zurückhaltung anderer: „Einer hat Blut an den Händen, und die anderen stehen da und sagen nix. So ist es immer!" (S. 63, Z. 4 f.) Seine Grundhaltung des Widerstands und das Einstehen für die von ihm vertretenen Werte spricht er offen aus, wenn er wütend ruft: „[I]ch schweige nicht, und an meinen Händen klebt kein Blut, sondern allerhöchstens Druckerschwärze!" (S. 63, Z. 17 f.)

Klare Haltung gegenüber dem Nationalsozialismus

Nach der Verwüstung der Trafik und weiterer Anfeindungen wird Trsnjek am folgenden Tag von der Gestapo verhaftet. Ihm wird vorgeworfen, pornografische Magazine zu vertreiben (vgl. S. 155), ein Vorwand, denn nach seinem Tod wird deutlich, dass er für einen Staatsfeind gehalten worden ist (vgl. S.192).

Trsnjek nimmt die Verhaftung resigniert hin. Als Franz versucht, ihm beizustehen, indem er behauptet, die Hefte gehörten ihm, erkennt er die Gefahr, in die sein Lehrling sich damit begibt, und ruft ihn mit „Halt deine blöde Gosch, du Trottel!" (S. 157, Z. 14) verzweifelt zur Ruhe auf, weil er ihn schützen will und sich für ihn verantwortlich fühlt. Nach seiner Verhaftung hat Franz keinen direkten Kontakt mehr zu Trsnjek und wird schließlich über einen behördlichen Brief über dessen Tod in Kenntnis gesetzt (vgl. S. 191 f.). Trsnjek sei am 14. Mai 1938 „seinem nicht näher zu bestim-

Resignation

menden Herzleiden erlegen" (S. 192, Z. 2 f.). Der alte Trafikant ist also wegen seiner politischen Einstellung dem nationalsozialistischen Regime zum Opfer gefallen. Seine
Hose, die Franz zurückgesandt wird, wird am Ende des Romans zum Mahnmal gegen den Nationalsozialismus und
zum Symbol für das Einstehen für eigene Werte.

Sprachgebrauch und Sprachverhalten

Trsnjek wirkt in der Trafik besonnen und erklärt Franz ruhig
das Geschäft und die damit verbundenen Aufgaben sowie
die Wichtigkeit des Zeitungslesens. Ungerechtigkeiten begegnet er jedoch mit Wut und hebt die Stimme, so etwa
nach den ersten Anfeindungen und der Beschmierung der
Trafik (vgl. S. 62 f.). Auch über die falsche mediale Berichterstattung über den Tod des Roten Egon zeigt er sich ent-
setzt, redet sich in Rage und brüllt seine Wut laut heraus
(vgl. S. 147). Gleichzeitig zeigen sich seine Verzweiflung
und Resignation bezüglich der politischen Vorgänge im
kraftlosen Flüstern (vgl. S. 148).

Zusammenfassende Bewertung

Trsnjek fungiert für Franz Huchel als Mentor und trägt viel
zum Reifeprozess des Protagonisten bei. Sein kritisches
Denken, seine Standhaftigkeit und sein Mut, für die eigene
Überzeugung einzustehen, haben für Franz Vorbildcharak-
ter. Zudem werden an dieser Figur die lebenslangen Konsequenzen von Kriegserfahrungen veranschaulicht und die
willkürliche Machtausübung der Nationalsozialisten demonstriert.

Sigmund Freud – der freundschaftliche Ratgeber

Personalien, sozialer Status und äußeres Erscheinungsbild

Der in die Jahre gekommene jüdische Psychoanalytiker
und Therapeut Sigmund Freud lebt mit seiner Frau und seiner Tochter Anna in der Berggasse 19 in Wien, wo er auch
seine Patienten therapiert. Freud ist Kunde in der Trafik
und kauft dort seine Zeitungen und Zigarren und Trsnjek
begegnet ihm mit Respekt und Wertschätzung. In dem

ländlichen Nußdorf hat er den Ruf des „Deppendoktor[s]" (S. 38, Z. 12) und ist Anlass wilder Spekulationen. Äußerlich wirkt der über Achtzigjährige zerbrechlich (vgl. S. 34) und es gibt immer wieder Hinweise auf seine langjährige Erkrankung, die ihm Schmerzen bereitet und wegen der er eine Kieferprothese tragen muss. Trotz seiner Alterserscheinungen ist sein Geist jedoch klar. Mit dem Anschluss Österreichs an das Deutsche Reich wird der Professor unter Bewachung gestellt, da er Jude ist.

Freud entwickelt sich nach der ersten Begegnung mit dem Protagonisten in der Trafik im Oktober 1937 zu einer wichtigen Bezugsperson für Franz Huchel, der bei ihm Rat sucht und hofft, von ihm den richtigen Weg gewiesen zu bekommen. Freud zeigt sich dabei durchaus gewillt, dem jungen Mann zur Seite zu stehen, und führt längere Gespräche mit ihm, wobei diese sich häufig um die Liebe und die Libido drehen, welche nach Freud eine zentrale Rolle im Leben spielen. So ist er es, der durch seinen Hinweis, Franz solle sich ein Mädchen suchen, das sexuelle Verlangen des Protagonisten anstößt (vgl. S. 43 f.) und ihn von nun an auf seinem Weg begleitet. Dabei bleiben seine Ratschläge eher freundschaftlicher Natur und allgemeingültig. Er empfiehlt Franz zum Beispiel, seine Träume aufzuschreiben, um zur Ruhe zu kommen (vgl. S. 78), es findet aber keine Auswertung

Wesentliche Charaktereigenschaften und Verhaltensweisen

Ratgeber und Freund

dieser statt, da er Franz nicht als Patienten sieht, sondern als jungen Mann, der auch ihm guttut.

Fehlende Antworten auf Liebesfragen

Auch wenn Freud Franz geraten hat, sich ein Mädchen zu suchen, und dieser sich von dem Zeitpunkt an von ihm Ratschläge in Liebesfragen erhofft, zeigt sich jedoch, dass der renommierte Professor selbst keine größeren Erkenntnisse in diesem Bereich vorzuweisen hat. Seine Ratschläge bleiben sehr oberflächlich. Als Franz vor Liebeskummer keinen klaren Gedanken fassen kann, sagt er ihm, er habe zwei Möglichkeiten: „Hol sie dir zurück! Möglichkeit zwei: Vergiss sie!" (S. 76, Z. 29 f.) Dass er selbst nicht in der Lage dazu ist, die Liebe wirklich zu begreifen, drückt er unmissverständlich aus, als er sagt, die richtige Frau zu finden sei eine der schwierigsten Aufgaben überhaupt: „Und jeder von uns kommt allein zur Welt, und wir sterben alleine. Doch gegenüber der Einsamkeit, die wir empfinden, wenn wir zum ersten Mal vor einer schönen Frau stehen, wirken Geburt und Tod geradezu wie gesellschaftliche Großereignisse." (S. 140, Z. 29 – S. 141, Z. 4) In diesem Moment scheint der erfahrene Psychoanalytiker genauso unwissend zu sein wie sein junger Gesprächspartner.

Freud und Franz im Gespräch; Szene aus dem gleichnamigen Film „Der Trafikant" (2018)

Als Psychoanalytiker und Neurologe hadert Freud mit sich selbst, wie in der Therapiesitzung mit einer Patientin deutlich wird. Während er um Distanz zu seiner Patientin bemüht ist, empfindet er durchaus Sympathie für sie (vgl. S. 116 f.). Er fühlt sich überfordert und erschöpft und bereut es mitunter sogar, Therapeut geworden zu sein (vgl. S. 117). Die Freundschaft zwischen Freud und Franz ist trotz des großen Altersunterschieds beidseitig. Er mag den jungen Mann, der im Gegensatz zu ihm vital und unbedarft ist. In ihren Gesprächen zeigt er immer wieder Interesse für Franz und bringt ihm Anteilnahme entgegen, als Trsnjek der Gestapo zum Opfer gefallen ist.

Ebenso wie Trsnjek ist sich Freud der brisanten politischen Situation Österreichs bewusst. Auf einem Spaziergang beantwortet er Franz' Frage, ob es eine Katastrophe geben werde, mit einem eindeutigen „Ja" (S. 137, Z. 26). Freud ist leidenschaftlicher Zigarrenraucher, was symbolhaft für das Bedürfnis nach Freiheit steht. Der Professor nimmt seine Umwelt also aufmerksam wahr und zieht eigene Rückschlüsse. Da Freud Jude ist, gerät auch er mit dem Anschluss Österreichs zunehmend unter Druck, sodass er sich schließlich gezwungen sieht, Wien unfreiwillig mit seiner Familie zu verlassen und nach London zu emigrieren. Bei dem letzten Gespräch mit Franz vor seiner Emigration wirkt er zerbrechlicher denn je. Die Nationalsozialisten kontrollieren seine Post und sein Haus wird bewacht. Die bedrohliche Situation scheint ihm also auch körperlich zuzusetzen. Eine der Zigarren, die Franz ihm zum Abschied mitgebracht hat, will er aufheben „für das Königreich! [...] Die ersten Züge in Freiheit!" (S. 220, Z. 5 f.). Am 4. Juni 1938 besteigt Sigmund Freud mit seiner Familie unter Leitung seiner Tochter den Zug und verlässt Wien für immer (vgl. S. 230 ff.).

Klare Einschätzung der politischen Verhältnisse

Die Gespräche zwischen Freud und Franz sind von einer gewissen Offenheit geprägt. Freud setzt geschickt Impulse und stellt Fragen, sodass der junge Franz sein eigenes Verhalten und seine Gefühle reflektieren kann, wodurch dieser

Sprachgebrauch und Sprachverhalten

sich stetig weiterentwickelt und seine eigenen Empfindungen zunehmend verbalisieren kann.

Freud übernimmt im Roman die Rolle des Mentors im sozial-emotionalen Bereich für Franz Huchel und treibt so die innere Entwicklung des Protagonisten stark voran. Gleichzeitig bekommt der Leser einen Eindruck von den Auswirkungen des nationalsozialistischen Regimes, da Freud als Jude überwacht wird und emigriert, bevor ihm Schlimmeres zustößt.

Frau Huchel – Franz' Mutter

Frau Huchel, deren Vorname der Leser nicht erfährt, ist mittleren Alters. Obwohl sie „in den Vierzigern" (S. 8, Z. 16) ist, ist sie „immer noch ganz ansehnlich, wenngleich auch etwas ausgemergelt" (S. 8, Z. 16 ff.), was auf ihre harte Arbeit in Wirtshäusern zurückzuführen ist. Als alleinstehende Frau lebt sie mit ihrem 17-jährigen Sohn Franz in einfachen Verhältnissen in einem kleinen Fischerhaus in Nußdorf am Attersee, bis sie diesen nach Wien in die Lehre schickt und allein in Nußdorf verbleibt. Anstoß dafür ist der Tod Alois Preiningers, welcher als Liebhaber von Frau Huchel die Familie finanziell unterstützt hat.

Frau Huchel zeigt sich insgesamt als patente und weitsichtige Frau. So erkennt sie nach dem Tod ihres Gönners, dass ihr Sohn erwachsen werden und Verantwortung übernehmen muss, auch wenn ihr die Trennung von ihm schwerfällt. Dabei hat sie einen realistischen Blick auf ihren Sohn und weiß, dass dieser der körperlichen Arbeit im Dorf nicht gewachsen ist (vgl. S. 15), weshalb sie ihre Beziehungen spielen lässt und ihm eine Lehre in der Trafik Otto Trsnjeks verschafft, einem ehemaligen Liebhaber, der ihr noch einen Gefallen schuldet (vgl. S. 16). Den Sohn informiert sie über dieses Vorhaben erst, als bereits alles geregelt ist. Obwohl dieser zunächst versucht, zu protestieren, fügt er sich schnell der Autorität der Mutter und tritt die Stelle in der Trafik in Wien an.

Mutter und Sohn führen eine vertrauensvolle Beziehung, die sich mit der zunehmenden Reife des Sohnes weiterentwickelt. Wegen der räumlichen Trennung halten sie schriftlichen Kontakt in Form von Postkarten und Briefen. Frau Huchel zeigt sich als fürsorgliche, einfühlsame, verständnisvolle und liebende Mutter, die trotz der Distanz versucht, ihrem Sohn mit Rat zur Seite zu stehen, und seine Sorgen ernst nimmt (vgl. z. B. S. 114 f.). Zugleich sorgt sie sich um ihren Sohn und sieht die Verbindung zu Freud nicht gerne, da sie fürchtet, diese könne Franz in Schwierigkeiten bringen (vgl. S. 170). Frau Huchel erkennt im Verlauf der Handlung, dass ihr Sohn körperlich und emotional zu einem Mann geworden ist, und teilt nun auch eigene Gedanken und Erfahrungen mit ihm (vgl. S. 171), statt ihm nur mütterlich beizustehen. Wie eng die Bindung zwischen Mutter und Sohn ist, wird deutlich, als Frau Huchel gegen Ende des Romans aus Sorge um ihren Sohn keinen Schlaf findet (vgl. S. 244), da sie zu ahnen scheint, dass dieser sich in Gefahr befindet, so, als seien sie durch ein unsichtbares Band miteinander verbunden.

Vertrauensvolle Mutter-Sohn-Beziehung

Auch wenn Frau Huchel in dem abgelegenen Dorf am Attersee lebt, hat sie ein gutes Gespür für die sich anbahnenden politischen Veränderungen, die sie bereits zu Beginn der Romanhandlung registriert (vgl. S. 15). Die Veränderungen in Nußdorf, die mit der NS-Herrschaft einhergehen, betrachtet sie kritisch (vgl. S. 168 f.) und in dem Schriftverkehr mit ihrem Sohn wird deutlich, dass sie diese ablehnt. Gleichzeitig ist ihr bewusst, dass sie in gefährlichen Zeiten leben, in der sich „die ganze Anständigkeit schon längst verabschiedet hat" (S. 170, Z. 16 f.). Die Freundschaft ihres Sohnes zu Freud sieht sie kritisch, nicht weil sie der antisemitischen Einstellung der Nationalsozialisten folgt, sondern weil sie weiß, dass von den Nazis eine große Gefahr ausgeht, die sich weiter ausbreiten wird.

Gespür für politische Verhältnisse

Kluge und starke Frau

Auch in anderen Lebensbereichen zeigt sich Frau Huchel als kluge und starke Frau, die geschickt agiert und sich selbst treu bleibt. Ihren aufdringlichen Arbeitgeber hält sie sich durch eine Notlüge vom Leib. Als dieser sich von dem von ihr erfundenen Obersturmbannführer Graleitner jedoch nicht länger abschrecken lässt und sich ihr dennoch nähern will, droht sie ihm resolut mit dem Küchenmesser (vgl. S. 243). Sie verliert lieber ihre Arbeitsstelle, als sich selbst und ihre Prinzipien zu verraten und sich dem Wirt gegen ihren Willen hinzugeben, sie steht also für sich selbst ein.

Offen für Liebschaften

Im Verlauf des Romans gibt es immer wieder Hinweise darauf, dass Frau Huchel Liebschaften offen gegenübersteht. Nicht nur Trsnjek und Preininger werden als Liebhaber benannt, in dem ersten Brief an ihren Sohn berichtet sie von einer sich anbahnenden Liebschaft und zeigt sich froh darüber, trotz ihres Alters noch über ansprechende weibliche Attribute zu verfügen (vgl. S. 171). Trotz ihrer Offenheit scheint sie jedoch keine längere Beziehung geführt zu haben. Wie für alle anderen Figuren des Romans ist die Liebe auch für sie nicht greifbar und sie antwortet ihrem Sohn auf seine Nachfrage über die Liebe: „Ich weiß nichts darüber. Obwohl ich sie kennengelernt habe. Keiner weiß etwas über die Liebe." (S. 170, Z. 24 ff.) „Niemand taugt für die Liebe, und trotzdem oder gerade deswegen erwischt sie fast jeden von uns irgendwann einmal!" (S. 171, Z. 1 ff.) Am Ende bleibt Frau Huchel einsam zurück, da auch die sich neu anbahnende Liebschaft keinen Bestand hat (vgl. S. 243).

Sprachgebrauch und Sprachverhalten

Zu Beginn des Romans wirkt Frau Huchel teils wortkarg und streng. Als sie ihren Sohn darüber in Kenntnis setzt, dass dieser bereits am nächsten Tag nach Wien reisen soll, um dort in die Lehre zu gehen, erfolgt dies kurz und knapp. Franz' Einwänden begegnet sie nonverbal mit einer Ohrfeige, statt ihm weitere Erklärungen zu liefern (vgl. S. 16). Frau Huchel weiß, dass dieser Schritt unumgänglich ist, auch wenn er auch ihr schwerfällt, weshalb sie die Situation schnellstmöglich beendet. Franz gegenüber gibt sie Anweisungen und trägt ihm auf, eine Postkarte pro Woche zu schreiben, „weil eine Mutter muss wissen, wie es ihrem Kind geht!" (S. 33, Z. 24f.). Nach der Abreise des Sohnes wird ihre Sprache in den Postkarten und Briefen jedoch feinfühliger und sie findet immer tröstende und aufmunternde Worte und Worte der Wertschätzung für ihren Sohn. Bedeutsam ist die Änderung der Signatur, die sie vornimmt, als sie erkennt, dass Franz nun ein verantwortungsvoller Mann ist und nicht mehr der naive Junge, der nach Wien aufgebrochen ist. Von nun an unterschreibt sie mit „Deine Mutter" (S. 172) statt wie zuvor mit „Deine Mama" (z. B. S. 46).

Auch wenn Frau Huchel fast nur über den schriftlichen Austausch mit ihrem Sohn präsentiert wird, fungiert sie als wichtige Konstante und Ratgeberin für den Protagonisten Franz Huchel. Zudem liefert sie durch ihre Schilderungen interessante Informationen über den sich rasch ausbreitenden Nationalsozialismus, da die Nazis auch in dem abgelegenen Nußdorf das Leben dominieren. Frau Huchel ist eine starke und kluge Person, die ihren Sohn vor der Gefahr, in die sich dieser begibt, jedoch nicht schützen kann.

Zusammenfassende Bewertung

Anezka – die lustorientierte Böhmin

Anezka ist 20 Jahre alt und stammt nach eigenen Angaben aus einem kleinen böhmischen Dorf namens Dobrovice (vgl. S. 90). Sie lebt in ärmlichen Verhältnissen in einem heruntergekommenen gelben Haus in der Rotensterngasse, das sie mit vielen weiteren Böhminnen teilt. Ihr Geld verdient sie – wie sie Franz erzählt – „wahlweise als Kindermädchen, Köchin oder Haushaltshilfe, und zwar ohne behördliche Genehmigung" (S. 90, Z. 5ff.). Zudem tritt sie in dem zwielichtigen Nachtlokal „Zur Grotte" als Nackttänzerin auf und bewegt sich am Rande der Gesellschaft. Anezka

Personalien, sozialer Status und äußeres Erscheinungsbild

Elzemarieke de Vos als Anezka, Nils Rovira-Muñoz als Franz
Huchel in der Inszenierung im Volkstheater Wien

hat ein rundes Gesicht und blonde Haare (vgl. S. 50 f.) und
eine auffällige Zahnlücke zwischen den Schneidezähnen.

Wesentliche Charaktereigenschaften und Verhaltensweisen

Anezka wird unmissverständlich als eine junge Frau eingeführt, die lust- und vergnügungsorientiert handelt. Dementsprechend lernt Franz Huchel sie auf dem Wiener Prater
kennen, wo sie ausgelassen in einer Schiffschaukel schau-
kelt und sich mit Freundinnen amüsiert. Die Frauen schei-

Vergnügungs-orientiert

nen darauf aus zu sein, männliche Begleitung zu finden,
denn Anezka geht sofort auf die unbeholfene Kontaktauf-
nahme durch Franz ein (vgl. S. 52) und auch ihre Freundinnen suchen Kontakt zu ein paar betrunkenen Soldaten (vgl.
S. 52). Die junge Böhmin weiß, was sie will, und als sie erkennt, dass der unerfahrene Franz diesen Erwartungen
nicht entspricht, verschwindet sie ohne einen Abschied
(vgl. S. 58). Als Franz, der nach ihrem Tanz im Prater immerzu an sie denken muss, sie schließlich ausfindig macht,
lässt sie sich von ihm zum Essen einladen und teilt ihm anschließend ohne Umschweife mit, dass sie nun mit ihm
schlafen wolle (vgl. S. 91). Für Anezka ist die gemeinsame
Nacht jedoch nur ein sexuelles Abenteuer und so ver-

Nina Mohr als Anezka
(Württembergische Landes-
bühne)

schwindet sie ein weiteres Mal aus Franz' Leben. Eines Abends erscheint sie erneut in der Trafik für eine weitere Liebesnacht, verschwindet am Morgen aber direkt wieder. Als Franz sie nach ihrer Begegnung in der Grotte fragt, ob sie zu einem anderen Mann gehöre, antwortet sie: „Ich geheer zu keinem. Nicht einmal zu mir selber!" (S. 113, Z. 1) Anezka will sich nicht binden und sucht das Abenteuer, ihre sexuellen Begegnungen mit Franz haben für sie keine große Bedeutung.

In ihrem Verhalten gegenüber Franz zeigt Anezka sich wenig einfühlsam und agiert hartherzig. Sie belächelt die Eifersucht des jungen Mannes (vgl. S. 112 f.) und nimmt ihn und seine Gefühle nicht ernst, was sich sprachlich daran zeigt, dass sie Franz nie mit seinem richtigen Namen anspricht, sondern ihn immer nur „Burschi" (z. B. S. 113) nennt. Als Franz ihr bei ihrer letzten Begegnung eine gemeinsame Flucht vorschlägt und ihr einen Heiratsantrag macht, ignoriert sie seine Gefühle völlig und schmiegt sich demonstrativ an ihren neuen Liebhaber, einen SS-Mann, und signalisiert Franz mit diesem verletzenden Verhalten, dass er nichts von ihr zu erwarten hat (vgl. S. 206 ff.). Auch in anderen Bereichen zeigt sie sich gleichgültig und emotionslos, so interessiert sie sich beispielsweise nicht für das Schicksal ihres früheren Kollegen, der wegen einer Hitlerparodie von der Gestapo verhaftet worden ist.

Anezka ist stets auf ihren eignen Vorteil bedacht. Sie nutzt Franz für sich, lässt sich von ihm zum Essen einladen, als

Wenig einfühlsam und hartherzig

Auf ihren eigenen Vorteil bedacht

sie hungrig ist (vgl. S. 89 ff.), und schläft wiederholt mit ihm, obwohl sie weiß, dass dieser sich eine Beziehung mit ihr erhofft. Dass sie sich bei ihrer letzten Begegnung mit einem SS-Mann arrangiert hat, zeigt, dass sie Verbindungen sucht, die ihr selbst von Vorteil sind.

Veränderung am Schluss?

Am Ende des Romans kehrt Anezka Jahre später zur Trafik zurück. Ihr Anliegen bleibt unklar, ihre sanfte Geste, mit der sie die Schaufensterscheibe der verlassenen Trafik zum Abschied berührt (vgl. S. 250), und der Umstand, dass sie den von Franz hinterlassenen Traumzettel mitnimmt, lassen jedoch vermuten, dass die Böhmin eine Veränderung durchlaufen hat.

Sprachgebrauch und Sprachverhalten

Die Sprache Anezkas ist knapp und direkt und von einem deutlichen böhmischen Akzent gekennzeichnet. In den Gesprächen mit Franz gibt sie wenig über sich preis, stellt zugleich aber Forderungen und gibt Handlungsanweisungen. Sie ist der dominante Part in der Beziehungskonstellation und die Unterschiede in der verwendeten Sprache von Anezka und Franz zeigen deutlich die Gegensätzlichkeit der beiden Figuren auf. Während Anezkas Sprache bisweilen derb, unverblümt und grammatikalisch inkorrekt ist, wirkt Franz' Sprache im Dialog mit ihr teilweise steif und sprachlich wohlgeformt.

Zusammenfassende Bewertung

Anezka spielt eine große Rolle im Entwicklungsprozess des Protagonisten Franz Huchel, da er mit ihr erste sexuelle Erfahrungen macht und die Dominanz seiner erwachenden Libido verspürt. Sie ist Auslöser der Höhen und Tiefen, die Franz in seinem unsicheren Zustand durchlebt. Dem Leser wird durch sein Verhalten in Bezug auf Anezka vor Augen geführt, wie unreif und naiv der junge Mann in diesem Bereich ist.

Der Blick auf den Text:
Die Textanalyse

Einen Textauszug analysieren –
Tipps und Techniken

Für die Analyse eines Textauszuges stehen grundsätzlich zwei verschiedene Methoden zur Auswahl: die Linearanalyse und die aspektgeleitete Analyse.

In der **Linearanalyse** werden die einzelnen Abschnitte systematisch analysiert, das heißt ihrer Reihenfolge nach. Dies führt in der Regel zu genauen und detaillierten Interpretationsergebnissen. Allerdings besteht dabei die Gefahr, dass die übergeordneten Deutungsschwerpunkte des Auszugs aus dem Blick geraten.

In der **aspektgeleiteten Analyse** werden diese Deutungsschwerpunkte von vornherein festgelegt. Daraus ergibt sich in der Regel eine sehr problemorientierte und zielgerichtete Vorgehensweise. Die Deutungsaspekte, welche nicht im Fokus des Interesses stehen, werden jedoch vernachlässigt.

Aufbauschema

1. Einleitung:
Themensatz: Autor, Titel, Textsorte, Erscheinungsjahr, Thema, kurze Inhaltsangabe

2. Einordnung des Textauszugs in den Roman:
Was geschieht vorher, was nachher?

Linearanalyse   *aspektgeleitete Analyse*

3. Inhaltlicher Aufbau:
kurze Darstellung der Textabschnitte

3. Untersuchungsschwerpunkte:
Beschreibung der ausgewählten Schwerpunkte

4. Beschreibung und Deutung der unter 3. angegebenen Textabschnitte:
- Aussagen zum Inhalt des Abschnitts
- Aussagen zur Deutung, Einbetten in den Zusammenhang des Romans
- Einbezug der sprachlichen Gestaltung
- Überleitung zum nächsten Textabschnitt

4. Beschreibung und Deutung der unter 3. angegebenen Schwerpunkte:
- Benennen des jeweiligen Aspekts
- Aussagen zur Deutung, Einbettung in den Zusammenhang des Romans
- Einbezug der sprachlichen Gestaltung

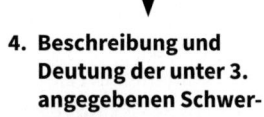

5. Schluss:
- Zusammenfassung der Ergebnisse
- Einordnung in einen größeren Deutungszusammenhang
- Bewertung

Übungsvorschlag:
Erstellen Sie zuerst jeweils eine eigene Lösung und verglei-
chen Sie diese dann mit den unten angeführten Vorschlä-
gen. Überprüfen Sie: An welcher Stelle scheint Ihnen Ihre
eigene Lösung schlüssiger? Welche zusätzlichen Anregungen und Einsichten können Sie den Beispieltexten entneh-
men?

Beispielanalyse: Abschnitt 4, S. 19, Z. 13 – S. 20, Z. 28 (linear)

> *Aufgabe: Analysieren (beschreiben und deuten) Sie
> den vorliegenden Textauszug aus dem Roman „Der
> Trafikant" von Robert Seethaler.*

Der vorliegende Textauszug stammt aus dem vierten Abschnitt des 2012 erschienenen Romans „Der Trafikant" von
Robert Seethaler, der den durch die Umstände der Zeit
rasch voranschreitenden Reifeprozess des 17-jährigen Protagonisten Franz Huchel schildert, welcher sich vom kindlich-naiven Jungen in Wien zu einem verantwortungsbewussten und werteorientierten jungen Mann entwickelt,
letztendlich aber im Juni 1938 seinem Widerstand gegen
den Nationalsozialismus zum Opfer fällt.

Einleitung und kurze Inhalts-angabe

Franz Huchel wird im Spätsommer 1937 von seiner Mutter
aus dem beschaulichen Dorf Nußdorf am Attersee, wo er
ein behütetes Leben geführt hat, nach Wien geschickt, um
dort in der Trafik eines Bekannten in die Lehre zu gehen. In
Wien sind zu dieser Zeit schon deutlich die Einflüsse des
Nationalsozialismus zu spüren, die Otto Trsnjek, der Inhaber der Trafik, benennt und vor Franz thematisiert, sodass
dieser durch Gespräche mit Trsnjek und intensive Zeitungslektüre zunehmend ein Bewusstsein für die gesellschaftlichen Veränderungen entwickelt. Gleichzeitig macht
er erste Erfahrungen mit Liebe und Sexualität und muss

mit dem ersten Liebeskummer seines Lebens umgehen, da die 20-jährige Anezka anders als er kein Interesse an einer aufrichtigen Liebesbeziehung hat. Seine Gedanken und Gefühle teilt er mit Sigmund Freud, den er in der Trafik kennengelernt hat und welcher für ihn zu einem großväterlichen Freund wird. Als Trsnjek nach dem Anschluss Österreichs an das Dritte Reich unter einem Vorwand von der Gestapo inhaftiert wird und zu Tode kommt, führt Franz die Trafik eigenständig weiter. Der Verlust seines Mentors und die unglückliche Liebe zu Anezka, die in der Zwischenzeit eine Liebschaft mit einem SS-Soldaten eingegangen ist, setzen ihm schwer zu. Als sich dann auch noch der einzig ihm verbliebene Vertraute, der jüdische Arzt Sigmund Freud, dazu gezwungen sieht, nach England zu emigrieren, gipfelt Franz' Ablehnung der willkürlichen Machtausübung der Nationalsozialisten in offenem Widerstand, indem er die Hose des verstorbenen Trsnjeks als Mahnmal an einem Fahnenmast vor dem Gestapogebäude, in dem dieser gestorben ist, hisst, was seine Verhaftung zur Folge hat. Sein weiteres Schicksal bleibt offen. Als Anezka nach einem Zeitsprung im Jahr 1945 die Trafik ein weiteres Mal aufsucht, ist diese jedoch seit langer Zeit verlassen, was vermuten lässt, dass Franz das Einstehen für seine Werte mit dem Leben bezahlt hat.

Einordnung des Textauszugs in den Roman — Nach dem Tod des Liebhabers und finanziellen Unterstützers der Mutter trifft diese die notwendige Entscheidung, ihren Sohn nach Wien zu schicken, wo er eine Lehre zum Trafikanten machen soll. Sie setzt ihren Sohn darüber in Kenntnis, dass er bereits am nächsten Tag nach Wien aufbrechen muss. Franz fügt sich widerwillig dem Willen der Mutter und besteigt den Zug nach Wien. Der zu analysierende Textauszug aus dem vierten Abschnitt schildert die Ankunft Franz Huchels in Wien. Im Anschluss sucht der Protagonist die Trafik auf und beginnt sein Leben als Trafikantenlehrling.

Der Textauszug besteht aus einem großen Abschnitt, der sich jedoch in die Wahrnehmungen aus unterschiedlichen Sinnesbereichen gliedern lässt, die fünf kürzere Teilstücke ergeben.

Inhaltlicher Aufbau

Bereits zu Beginn des Textauszugs (vgl. S. 19, Z. 13 – S. 20, Z. 6) wird deutlich, dass der Protagonist bei seiner Ankunft eine gewisse Überforderung verspürt. Das „grelle Mittagslicht" (S. 19, Z. 15) blendet ihn und seine Unsicherheit zeigt sich in körperlichen Symptomen, denn „ihm [wird] ein bisschen schlecht und er musste sich am nächsten Gaslaternenmast festhalten" (S. 19, Z. 17 f.). Schwindel erfasst ihn und er muss einen Moment verharren, bevor er sich der Situation gewachsen fühlt.

Beschreibung und Deutung

Als er die Augen wieder öffnet, entfährt ihm im Angesicht der auf ihn einstürzenden Eindrücke „ein kurzer, erschrockener Lacher" (S. 20, Z. 1 f.). Es folgt eine ausführliche Beschreibung seiner Wahrnehmungen, die mit dem Vergleich „Die Stadt brodelte wie der Gemüsetopf auf Mutters Herd" (S. 20, Z. 3 f.) eingeleitet wird, welcher eine Verbindung zu seinem bisherigen Erfahrungskreis herstellt und verdeutlicht, dass die Großstadt für den Jungen vom Land eine große Herausforderung darstellt. Zunächst werden dann die „ununterbrochene[n] Bewegung[en]" (S. 20, Z. 4) beschrieben. Das geschäftige Treiben in der Stadt ist für den Dorfjungen ungewohnt, was in dem Trikolon „die Straßen schienen zu leben, atmeten, wölbten sich" (S. 20, Z. 5 f.) zum Ausdruck kommt.

Während das Pulsieren der Stadt noch eher neutral mit Staunen zur Kenntnis genommen wird, wirken die akustischen Wahrnehmungen, die auf Seite 20 in den Zeilen 6 bis 11 geschildert werden, störend und beängstigend. Von überall stürzen Geräusche auf den Protagonisten ein, was er vom ruhigen Landleben nicht gewohnt ist. Es kommt ihm vor, als „könnte man das Ächzen der Pflastersteine und das Knirschen der Ziegel hören" (S. 20, Z. 6 f.). Generell

Akustische Wahrnehmungen

wird die Geräuschkulisse als negativ empfunden und als „Lärm" (S. 20, Z. 8) bezeichnet. Die Aufzählung der Geräusche endet mit der Klimax „übertönten, überschrien, überbrüllten" (S. 20, Z. 11), die eine Vorstellung des herrschenden Lärmpegels erzeugt, den der Protagonist als verstörend und beängstigend wahrnimmt.

Optische Eindrücke (Licht)

Es folgt die elliptische Aufzählung optischer Eindrücke des Lichtes (vgl. S. 20, Z. 11–16), die wahllos aneinandergereiht werden, wodurch die Fülle der Reize sprachlich veranschaulicht wird (vgl. S. 20, Z. 12 ff.), die für Franz eine Überforderung darstellen. Auch das hohe Verkehrsaufkommen ist für den Protagonisten neu, weshalb Autos, Motorräder und Laster Beachtung finden (vgl. S. 20, Z. 15 ff.).

Negativ konnotierte Wahrnehmungen

Negativ konnotierte Wörter dominieren die Beschreibung weiterer akustischer Wahrnehmungen (vgl. S. 20, Z. 16–22). Das Bimmeln der Straßenbahn klingt „schrill" (S. 20, Z. 16), „[e]ine Geschäftstür wird aufgerissen, Wagentüren zugeschlagen" (S. 20, Z. 17 f.), „[j]emand schimpfte heiser. Eine Frau kreischte wie ein Schlachthuhn" (S. 20, Z. 19 f.). Insgesamt entsteht der Eindruck eines bedrohlichen Ortes, geprägt von Aggression und Gefahr, der im Kontrast zu dem idyllischen Heimatdorf steht, was auf Franz schockierend wirken muss. Dementsprechend denkt er „benommen, das hier ist etwas anderes. Etwas völlig und ganz anderes" (S. 20, Z. 21 f.).

Sinnesbereich des Riechens

Abschließend werden seine Eindrücke in den Zeilen 23 bis 28 um die Sinneswahrnehmung des Riechens erweitert. Franz nimmt einen fürchterlichen „Gestank wahr" (S. 20, Z. 23), der dem Leser durch die Aufzählung der verschiedenen Ausprägungen (vgl. S. 20, Z. 26 ff.) unmissverständlich vermittelt wird. Die eingesetzten Verben „gären" (S. 20, Z. 24) und „waber[n]" (S. 20, Z. 25) erwecken dabei einen krankhaften Eindruck, der auch den sich ausbreitenden Nationalsozialismus vorwegnimmt.

Insgesamt verweisen die durchweg negativen Wahrneh- Schluss
mungen Franz Huchels von der Stadt bei seiner Ankunft in
Wien auf den bedeutsamen Einschnitt in seinem Leben.
Der Ortswechsel ist dabei der Anstoß für den Reifeprozess
des Protagonisten. In Wien wird er im Verlauf der Handlung
mit der politischen und gesellschaftlichen Realität konfrontiert, die sich mit dem Anschluss Österreichs an das
Dritte Reich immer weiter verschlechtert. Der Ort Wien
wird also negativ belegt, da der junge, werteorientierte
Mann vor dem nationalsozialistischen Hintergrund einem
tragischen Schicksal entgegenläuft und das Einstehen für
seine Werte mit dem Leben bezahlen muss.

Beispielanalyse: Abschnitt 11, S. 50, Z. 22 – S. 52, Z. 2 (aspektgeleitet)

Der 2012 erschienene Roman „Der Trafikant" von Robert Einleitung und
Seethaler erzählt die Geschichte des jungen Franz Huchel, kurze Inhalts-
der gezwungen ist, sein behütetes Leben in dem idyllischen angabe
Dorf seiner Kindheit zu verlassen, um in Wien bei einem Bekannten der Mutter in die Lehre zu gehen. Seethaler schildert den Adoleszenzprozess eines jungen Mannes in Zeiten
des aufkommenden Nationalsozialismus in Österreich und
zeigt an einem individuellen Beispiel auf, welche Auswirkungen die politische Situation auf ein junges Leben hat.
Der 17-jährige Franz Huchel besteigt im Spätsommer 1937
den Zug nach Wien, da er von seiner Mutter aus dem beschaulichen Dorf Nußdorf am Attersee, wo er ein behütetes
Leben geführt hat, in die Großstadt geschickt wird, um dort
in der Trafik eines Bekannten in die Lehre zu gehen. In Wien
sind zu dieser Zeit schon die Einflüsse des Nationalsozialismus zu spüren, die Otto Trsnjek, der Inhaber der Trafik,
deutlich benennt und vor Franz thematisiert, sodass dieser
durch Gespräche mit seinem Mentor und intensive Zeitungslektüre zunehmend ein Bewusstsein für die gesellschaftlichen Veränderungen entwickelt. Gleichzeitig macht

er erste Erfahrungen mit Liebe und Sexualität und muss mit dem ersten Liebeskummer seines Lebens umgehen, da die 20-jährige Anezka anders als er kein Interesse an einer aufrichtigen Liebesbeziehung hat, Franz sich aber dennoch nicht von dieser lösen kann. Seine Gedanken und Gefühle teilt er mit Sigmund Freud, der Stammkunde in der Trafik ist und zu seinem großväterlichen Freund wird. Als Trsnjek nach dem Anschluss Österreichs an das Dritte Reich unter einem Vorwand von der Gestapo inhaftiert wird und zu Tode kommt, führt Franz die Trafik eigenständig weiter. Der Verlust seines Mentors und die unglückliche Liebe zu Anezka, die in der Zwischenzeit eine Liebschaft mit einem SS-Soldaten eingegangen ist, setzen ihm schwer zu. Als sich dann auch noch der einzig ihm verbliebene Vertraute, der jüdische Arzt Sigmund Freud, dazu gezwungen sieht, nach England zu emigrieren, gipfelt Franz' Ablehnung der willkürlichen Machtausübung der Nationalsozialisten in offenem Widerstand, indem er die Hose des verstorbenen Trsnjek als Mahnmal an einem Fahnenmast vor dem Gestapogebäude, in dem dieser gestorben ist, hisst, was seine Verhaftung zur Folge hat. Sein weiteres Schicksal bleibt offen. Als Anezka nach einem Zeitsprung im Jahr 1945 die Trafik ein weiteres Mal aufsucht, ist diese jedoch seit langer Zeit verlassen, was vermuten lässt, dass auch Franz das Einstehen für seine Werte mit dem Leben bezahlt hat.

Einordnung des Textauszugs in den Roman

Nachdem Franz von Nußdorf nach Wien gereist ist, nimmt er unverzüglich seine Tätigkeit in der Trafik auf, wo er Sigmund Freud als einen der Stammkunden kennenlernt. In der Hoffnung, von dem Psychoanalytiker in seiner Orientierungslosigkeit eine Richtung gewiesen zu bekommen, sucht er Kontakt zu ihm. Bereits in ihrem ersten Gespräch rät der alte Mann ihm, sich ein Mädchen zu suchen, was bei dem unerfahrenen Franz sofort auf Zustimmung trifft. Kurz entschlossen begibt er sich mit dem Vorhaben, eine Frau kennenzulernen, zum Wiener Prater, wo die junge Böhmin

Anezka seine Aufmerksamkeit erregt. Der vorliegende Textauszug schildert die erste Begegnung der beiden. Im weiteren Handlungsverlauf scheitert Franz immer wieder in seinem Bestreben, eine Beziehung mit Anezka einzugehen, da diese nur an einem unverbindlichen Abenteuer interessiert ist, was Franz stark zusetzt.

Da Franz in seiner Unerfahrenheit von Beginn an nicht begreift, dass Anezka anders als er nicht auf der Suche nach einer Beziehung ist, soll im Folgenden seine Wahrnehmung Anezkas bei ihrer ersten Begegnung genauer betrachtet werden.

Untersuchungsschwerpunkt

Durch das fast durchgehend personale Erzählverhalten, bei dem die Innensicht Franz Huchels eingenommen wird, nimmt der Leser unmittelbar an den Empfindungen und Gedanken des Protagonisten teil und kann so die Wirkung der jungen Frau auf ihn miterleben.

Beschreibung und Deutung

Beim Anblick Anezkas wird Franz sofort „von einer ganz anderen, weitaus größeren, heißeren und wilderen Welle erfasst" (S. 50, Z. 25 ff.). Durch die Klimax wird deutlich, dass er bereits hier in einen Zustand der Euphorie verfällt, der seinen Verstand ausschaltet und die affektive Seite betont. Dabei gilt seine Aufmerksamkeit insbesondere dem Gesicht des Mädchens, das ausgelassen in einer Schiffsschaukel sitzt. Er hat nur noch Augen für „das schönste Gesicht, das [er] […] je in seinem Leben gesehen hatte" (S. 51, Z. 1 ff.). Die Verwendung des Superlativs deutet auf die Idealisierung des Mädchens hin, der die überkochenden Emotionen zugrunde liegen. Dabei ist Franz' Fokus eingeschränkt, er sieht zunächst nur das auf- und absteigende Gesicht, die tatsächliche Situation erschließt sich ihm erst nach und nach: „Und es war genau diese eine Sekunde, die Franz brauchte, um zu verstehen, dass er vor einer Schaukel stand." (S. 51, Z. 9 ff.) Anezka hat ihn unwissentlich bereits jetzt in ihren Bann gezogen, Franz ist wie geblendet von ihrer Erscheinung, „hell und lachend und umrahmt von einem Strahlenkranz strohblonder Haare" (S. 50, Z. 30 – S. 51, Z. 1). Auffällig dabei ist der indirekte Vergleich ihres Gesichtes mit der Sonne, da es „in schwindelerregender Höhe [...] für einen Augenblick einfach stehen[bleibt], ein rosiger Fleck in der blauen Weite des Himmels" (S. 51, Z. 5 ff.). Franz verliebt sich bereits bei diesen ersten visuellen Eindrücken in die junge Frau und ist fasziniert von ihrer Lebensfreude und Leichtigkeit, welche an der akustischen Wahrnehmung ihres „hellen Juchzer[s]" (S. 51, Z. 7) abzulesen ist.

Franz kann den Blick nicht mehr von dem Mädchen abwenden, ihre Freundinnen nimmt er „nur als gestalts-, gesichts- und belanglose Schatten" (S. 51, Z. 23 f.) wahr. Die Dreierfigur (Trikolon) verdeutlicht, dass seine Wahrnehmung nur noch dem Gesicht des Mädchens gilt, sein Blickfeld ist eingeschränkt und er nimmt nur die positiven Attribute Anezkas wahr. Der Protagonist, der mit dem Vorsatz, eine Frau kennenzulernen, zum Prater gekommen ist, sieht sich kurz vor dem Erreichen seines Ziels. Seine überschwänglichen Wahrnehmungen werden dabei von einer ironisierenden Erzählhaltung begleitet, die andeutet, dass Franz' Verliebtheit keine Grundlage hat und auf Belanglosigkeiten fußt (vgl. S. 51, Z. 17 ff.) und auch Ausdruck seiner Unerfahrenheit ist, was Franz Huchel selbst jedoch keineswegs bewusst ist. Unter Kraftaufwand löst er sich aus der Erstarrung, in die er bei der Betrachtung der jungen Frau verfallen ist, und spricht sie an.

Schluss Die vorliegende Textstelle entlarvt die Verliebtheit Franz Huchels als oberflächlich, es ist wohl eher der Wunsch nach dem Erleben einer ersten Liebeserfahrung, die den Protagonisten in Anezka, die ihm als erstes Mädchen ins Auge fällt, die große Liebe sehen lässt. Seine Faszination beruht auf Äußerlichkeiten und er scheint vom ersten Moment an von dem Mädchen wie gefesselt zu sein, sodass er später ihr Verhalten nicht richtig deuten kann und ihre Persönlichkeit nicht erkennt.

Der Blick auf die Prüfung: Themenfelder

Dieses Kapitel dient zur unmittelbaren Vorbereitung auf die Prüfung. Die wichtigsten Themenfelder werden in einer übersichtlichen grafischen Form dargeboten. Außerdem verweist eine Liste mit Internetadressen auf mögliche Quellen für Zusatzinformationen im Netz.

Die schematischen Übersichten können dazu genutzt werden,

- die wesentlichen Deutungsaspekte des Romans kurz vor der Prüfungssituation im Überblick zu wiederholen,
- die Kerngedanken des Romans noch einmal selbstständig zu durchdenken und
- mögliche Verständnislücken nachzuarbeiten.

Zum Verständnis der Schemata ist eine gute Textkenntnis des Romans und die Kenntnis der vorausgehenden Kapitel unerlässlich. Die folgenden Schwerpunktsetzungen beruhen auf Erfahrungen aus jahrelanger Prüfungspraxis. Die Übersicht V (Vergleichsmöglichkeiten mit anderen literarischen Werken, S. 150) soll als Anregung dienen, um den eigenen Lektürekanon auf möglicherweise interessante Vergleichspunkte hin abzuklopfen.

Übersicht I: Thematische Schwerpunkte

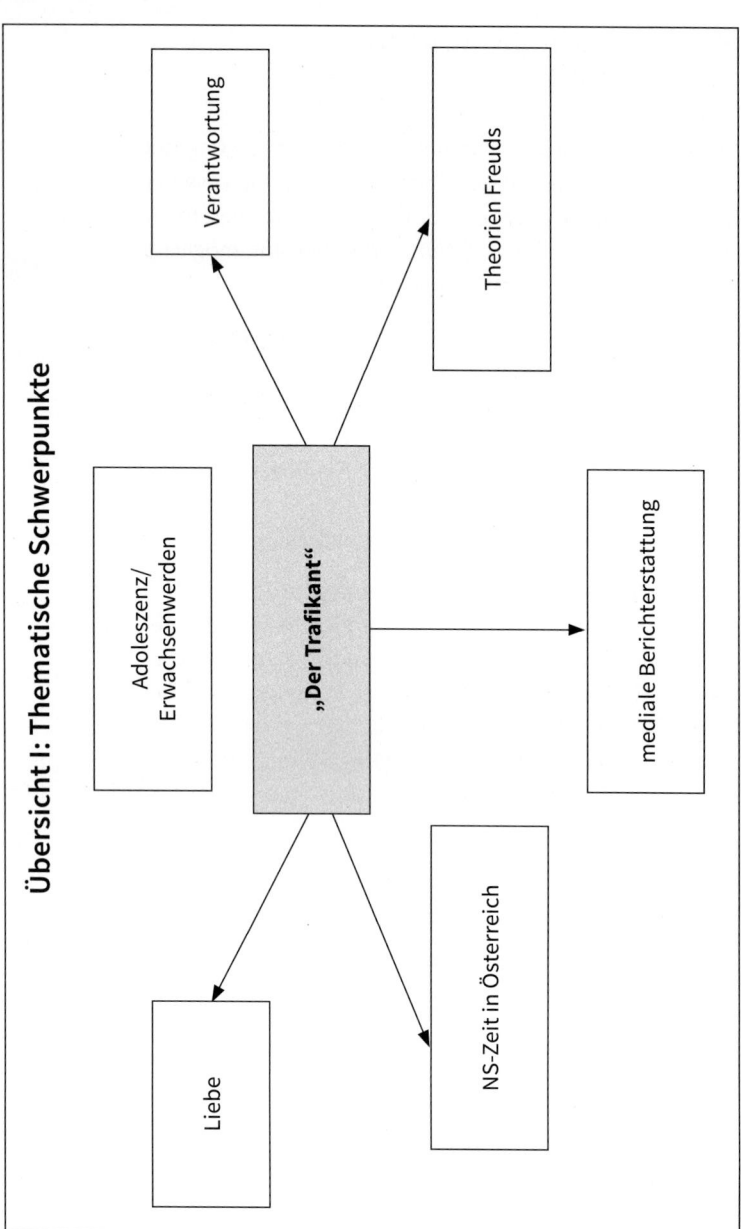

Übersicht II: Besonderheiten der Erzählweise

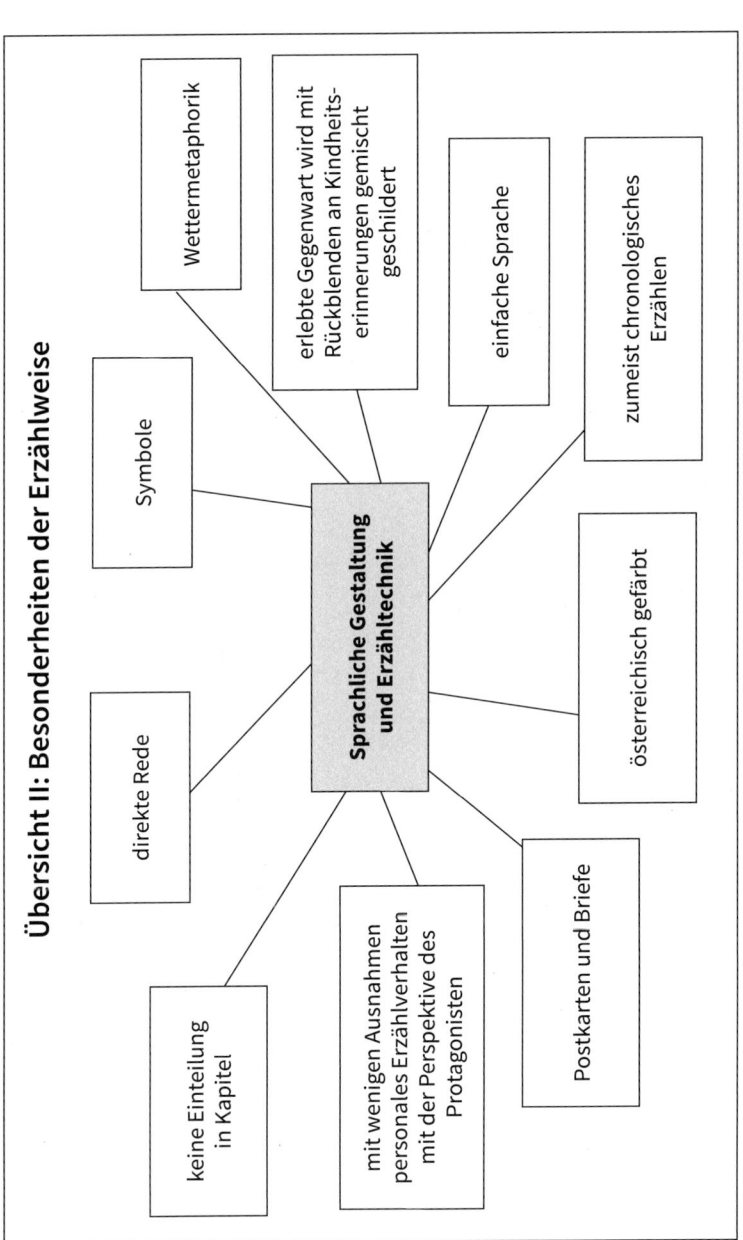

Sprachliche Gestaltung und Erzähltechnik

- Wettermetaphorik
- erlebte Gegenwart wird mit Rückblenden an Kindheitserinnerungen gemischt geschildert
- einfache Sprache
- zumeist chronologisches Erzählen
- Symbole
- österreichisch gefärbt
- direkte Rede
- Postkarten und Briefe
- keine Einteilung in Kapitel
- mit wenigen Ausnahmen personales Erzählverhalten mit der Perspektive des Protagonisten

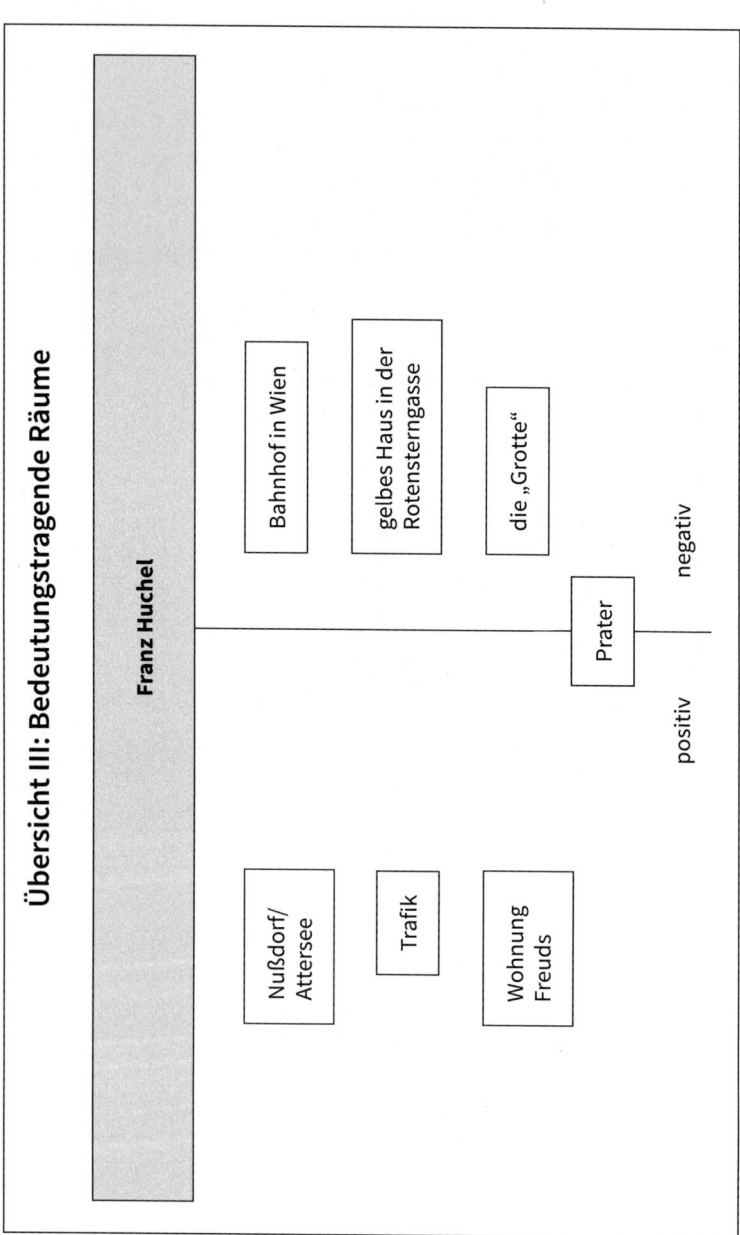

Übersicht III: Bedeutungstragende Räume

Franz Huchel

Bahnhof in Wien

gelbes Haus in der Rotensterngasse

die „Grotte"

Prater

negativ

positiv

Nußdorf/ Attersee

Trafik

Wohnung Freuds

Übersicht IV: Mögliche Untersuchungsschwerpunkte

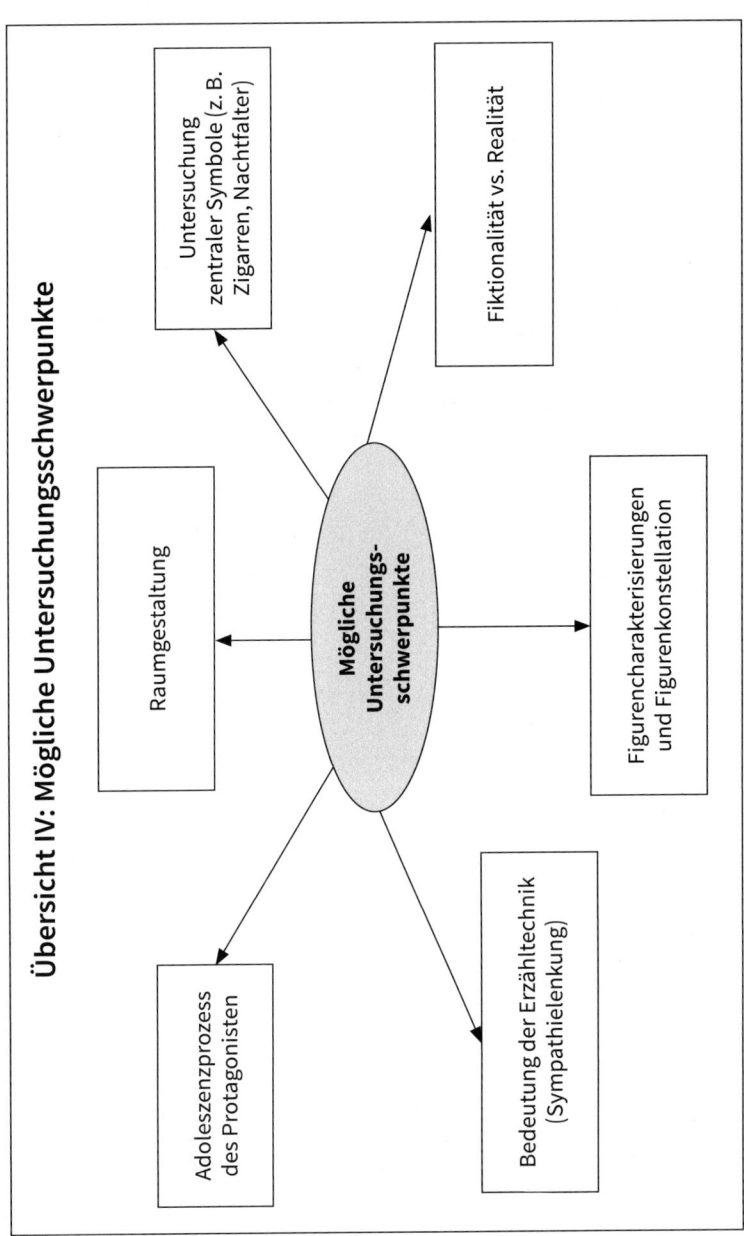

Untersuchung zentraler Symbole (z. B. Zigarren, Nachtfalter)

Fiktionalität vs. Realität

Raumgestaltung

Mögliche Untersuchungs- schwerpunkte

Figurencharakterisierungen und Figurenkonstellation

Adoleszenzprozess des Protagonisten

Bedeutung der Erzähltechnik (Sympathielenkung)

Übersicht V: Vergleichsmöglichkeiten mit anderen literarischen Werken

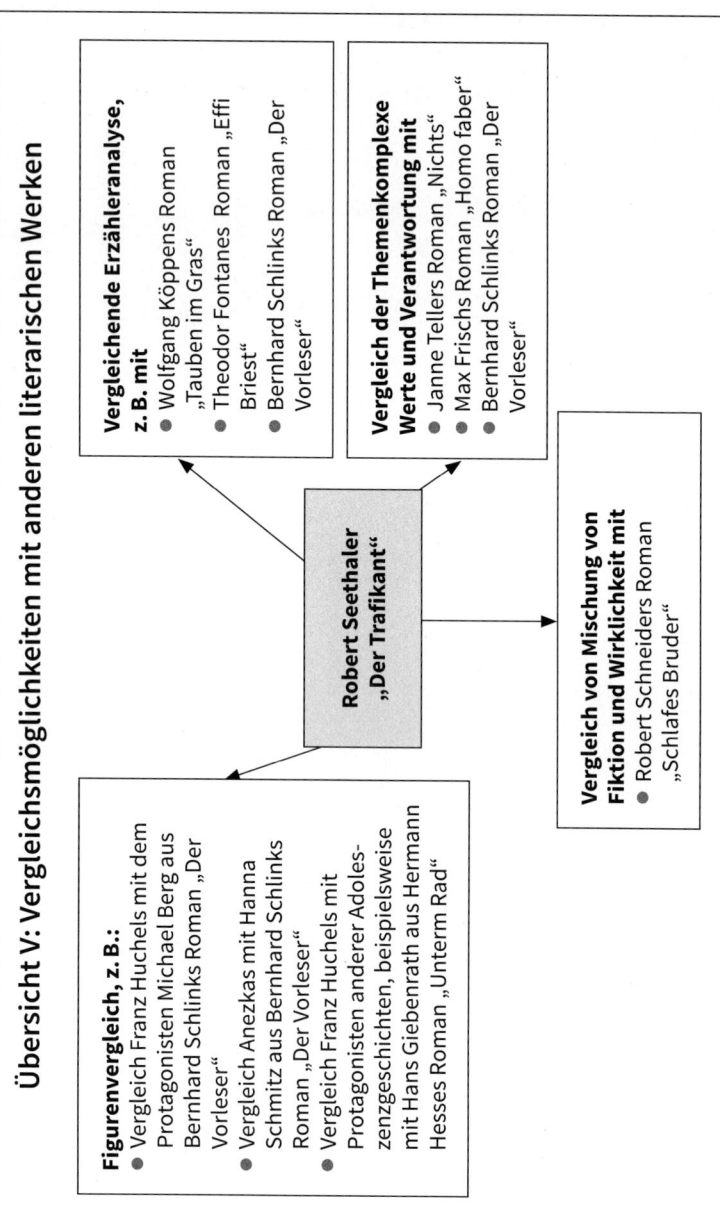

Robert Seethaler „Der Trafikant"

Vergleichende Erzähleranalyse, z. B. mit
- Wolfgang Köppens Roman „Tauben im Gras"
- Theodor Fontanes Roman „Effi Briest"
- Bernhard Schlinks Roman „Der Vorleser"

Vergleich der Themenkomplexe Werte und Verantwortung mit
- Janne Tellers Roman „Nichts"
- Max Frischs Roman „Homo faber"
- Bernhard Schlinks Roman „Der Vorleser"

Vergleich von Mischung von Fiktion und Wirklichkeit mit
- Robert Schneiders Roman „Schlafes Bruder"

Figurenvergleich, z. B.:
- Vergleich Franz Huchels mit dem Protagonisten Michael Berg aus Bernhard Schlinks Roman „Der Vorleser"
- Vergleich Anezkas mit Hanna Schmitz aus Bernhard Schlinks Roman „Der Vorleser"
- Vergleich Franz Huchels mit Protagonisten anderer Adoleszenzgeschichten, beispielsweise mit Hans Giebenrath aus Hermann Hesses Roman „Unterm Rad"

Internetadressen

Unter diesen Internetadressen kann man sich zusätzlich informieren:

Über den Autor
www.robert-seethaler.de/
https://keinundaber.ch/de/autoren-regal/robert-seethaler/

Über Sigmund Freud
www.freud-museum.at/
www.whoswho.de/bio/sigmund-freud.html
www.zeit.de/2010/22/Freud-Essay

Rezensionen
www.n-tv.de/leute/buecher/Freud-und-Leid-article10008306.html
www.faz.net/aktuell/feuilleton/buecher/rezensionen/belletristik/robert-seethaler-der-trafikant-freuds-freund-11947460.html
www.dieterwunderlich.de/Seethaler-trafikant.htm
https://literaturen.wordpress.com/2013/01/09/robert-seethaler-der-trafikant/
www.literaturhaus.at/index.php?id=9868

Historischer Kontext
www.geschichte-oesterreich.com/1938-1945/
www.bpb.de/geschichte/nationalsozialismus/dossier-nationalsozialismus/39544/machtergreifung?p=all

(Stand: 09.07.2018)

Literatur

Textausgabe

Robert Seethaler: Der Trafikant. Zürich, Kein & Aber

Sekundärliteratur

Freud, Sigmund: Die Traumdeutung. Frankfurt am Main, Fischer Verlag, 1972

Gansel, Carsten: Der Adoleszenzroman. Zwischen Moderne und Postmoderne. In: Taschenbuch der Kinder- und Jugendliteratur. Band 1. Baltmannsweiler, Schneider Verlag Hohengehren 2005

Lazarovic, Samira: Freud und Leid (www.n-tv.de/leute/buecher/Freud-und-Leid-article10008306.html, 09.07.18)

Lohmann, H.-M./Pfeiffer, J. (Hrsg.): Freud. Handbuch Leben – Werk – Wirkung. Stuttgart, J. B. Metzlersche Verlagsbuchhandlung

Mosser, Schuöcker: Die letzten Zeugen. Vom Kaiserreich zum „Anschluss". Wien 2014

Platthaus, Andreas: Freuds Freund (www.faz.net/aktuell/feuilleton/buecher/rezensionen/belletristik/robert-seethaler-der-trafikant-freuds-freund-11947460.html, 09.07.18)

Sosna, Anette: Adoleszenz und Zeitgeschichte in Robert Seethalers Roman „Der Trafikant". In: Literatur im Unterricht, 15. Jahrgang, Heft 1/2014, S. 53 – 69